집짓기의 선택과 집중

국립중앙도서관 출판예정도서목록(CIP)

집짓기의 선택과 집중: 어디에 얼마를 써야 할까
예산 운용에 관한 163가지 / 주부의 벗사 지음 ; 박은지 옮김.
-- 개정판. -- 서울 : 마티, 2018
230p. ; 182×257 mm. -- (좋은집 시리즈 ; 5)

원표제: 予算内で賢く家を建てる178のコツ
원저자명: 主婦の友社

"예산에 맞춘 집"(2013)의 개정판임
일본어 원작을 한국어로 번역
ISBN 979-11-86000-63-2 13610 : ₩20,000

집짓기
단독 주택 건설[單獨住宅建設]

549.781-KDC6
728.37-DDC23
CIP2018012200

집짓기의 선택과 집중

어디에 얼마를 써야 할까,
예산 운용에 관한 163가지

주부의 벗사 지음, 박은지 옮김

마티

Part 1
예산을 세우다

집짓기 10계명

막연하게 꿈꾸던 집짓기를 실천에 옮기려는 순간 '예산'이 발목을 잡기 마련이다. 현실에 한걸음씩 다가갈수록 꿈은 딱 그만큼씩 도망치는 것 같다. 그러나 계속 포기하고 물러서기만 하다가는 애써 도전한 보람이 없다! 예산을 어떻게 짜느냐에 따라 만족도는 천양지차로 달라진다. 빡빡한 예산이라 할지라도 꿈을 쉽게 포기하지 말자. 우선 10계명을 머릿속에 새기자.

← 집을 짓고 나서 불만족스럽다면, 그야말로 낭패! 무결점 만족도를 목표로!

1 돈의 밸런스를 찾아라

질을 떨어뜨리지 않으면서 낭비를 줄이는 발상이 필요하다. 어디에 돈을 들이고 무엇을 없앨지를 철저히 검토하자. 가장 먼저 구조와 기초에 드는 비용의 필요충분조건을 알아야 한다. 건물의 기초를 위해서는 자금을 아끼면 안 된다. 기초공사 내역과 이에 필요한 충분한 자금을 우선 배정한 다음, 면적이 넓고 선택지도 다양한 외장재는 보편적인 재료를 선택해 비용을 낮추면 좋다. 이에 반해 항상 눈이 가는 거실을 위한 내부 마감에는 어느 정도의 비용을 책정하는 것이 좋다. 이렇듯 공정별로 비용에 경중을 두어 꿈에 그리던 집과 크게 멀어지지 않도록 세심하게 조율하는 것이 포인트.

2 구조와 기초에 드는 비용은 아끼지 마라

집의 기본 성능을 결정하는 구조와 기초에 드는 비용은 아끼지 말자. 기둥과 보, 토대 등의 구조재는 건물의 내구성과 내진성을 고려하여 구조계산이 되기 때문에 이 부분의 예산을 줄이면 기본적인 안전성에 문제가 생긴다. 10년, 20년 만에 보강이나 개보수를 해야 한다면 그야말로 가장 쓸데없는 지출이다.

3 상황에 유연하게 대처하라

이상적인 집의 이미지에 맞출 수 있다면 좋겠지만 현실은 언제나
빠듯하기 마련이다. '이게 아니면 안 돼'라는 마음은 잠시 접어두고,
건축가나 시공사의 비용절감 아이디어에 귀를 기울이자. 특히
자신이 선택한 재료보다 더 저렴한 가격으로 비슷한 분위기를
연출할 수 있는 재료가 있다면 유연하게 대처해야 한다.

4 정보 수집부터, 주변의 이야기를 모아라

건축가에게 설계를 맡기고 시공사에 전체 시공을 의뢰해 견적을
받으면 건축주의 몫을 다했다고 느끼는 경우가 많다. 절대로 그렇지
않다. 결국은 건축주의 정보력과 관심, 애정이 만족도를 결정한다.
여러 종류의 잡지와 서적들, 건축박람회, 웹사이트 등을 시작으로,
건축자재상, 설비기기 상점까지 직접 방문해볼 필요가 있다.
자료를 수집할 때는 잊지 않고 정보를 활용할 수 있도록 본인에게
꼭 필요한 내용을 따로 메모하거나 스크랩하자. 그러나 아무리
마음에 쏙 드는 물건을 발견했다 하더라도 그 자리에서 바로 구입을
결정하지 않도록 조심하자. 건축가와 시공 담당자와 상의해 정확한
가격과 디자인과 비율, 색상 등 전체적인 조화를 고려해야 하기
때문이다.

5 비용을 아낄 방법을 시공사에 적극적으로 물어보자

견적에 쓰인 금액은 재료의 가격에 시공사의 이익, 작업자들의
노무비를 포함한 경우가 대부분이다. 견적이 예산을 초과한다면
건축주가 먼저 고민하기보다 시공사로부터 먼저 감액 제안을
받아보자. 그런 다음 1차와 2차 견적을 꼼꼼하게 대조하는 과정을

거치다 보면 시공사도 건축주만큼 예산에 맞추려고 노력을
기울이게 될 것이다.

6 견적을 초과한다면 다운그레이드를 검토하라

집을 짓는 데 드는 전체 비용에는 구조재나 설비기기, 부재, 공사
대금 등이 모두 포함된다. 처음 낸 견적이 예산을 오버한다면(거의
대부분 그렇다) 소재나 설비를 하나하나 체크하여 시공사에 다시
문의하거나 재견적을 의뢰하고, 그런 다음에도 예산을 맞출 수
없다면 사양을 조금씩 변경해서 조정할 수 있는 방법을 찾아야 한다.
또 입주와 동시에 당장 필요한 설비와 가까운 미래에 장만해도 되는
설비를 구분해서 견적을 산출할 수도 있다.

7 현장과 멀어지지 말라

시공업체나 건축가에게 모든 작업을 일임한다 하더라도 실제로
집을 짓는 사람은 목수 같은 장인들이다. 현장 작업자들을 알고
그들과 신뢰를 유지하는 것이 좋다. 목수팀, 설비팀, 인테리어팀
등등 작업자들은 경제적 대가만큼 장인으로서의 자부심을 중시하기
때문에, 건축주가 현장에 신경을 쓰고 신뢰를 갖는다면 기계적으로
맡은 업무 수준 이상의 관심으로 집의 질을 한층 높여줄 것이다. 물론
일에 방해가 되지 않도록 신중해야겠지만.

8 계약 후의 변경은 예산 상승의 주범이다

실시설계가 완성되고 시공사와 공사내용에 관한 계약을 모두
마쳤다면 불가피한 경우가 아니라면 설계를 변경해서는 안 된다.
단순 변심이나 디자인 취향의 변화는 시공비를 올리는 주요한

원인이다. 또한 변경 내용이 현장의 모든 작업자에게 정확하게
전달되지 않거나 재료가 정확하게 변경되지 않은 채로 발주되었다면
비용과 공기가 늘어나면서 손해가 커진다. 사양 변경은 시공사와
계약 전에 마무리하자.

9 정부나 지자체의 지원을 체크하자

친환경 대책이나 고가의 저에너지 설비를 적극적으로 도입한
주택에는 지자체에서 비용을 지원하는 경우가 있다. 예를 들어
태양광 발전시스템을 설치하면 정부나 지자체에서, 옥상녹화나
생울타리를 신설하면 지자체에서 지원해주는 경우가 많다. 집을
지을 동네에 이런 지원책들이 있는지 꼼꼼하게 조사하자.

10 유지관리 비용까지 계산하자

처음 집을 짓는다면 특히나 신축 시의 건축비에만 눈이 가기 쉽다.
그러나 단독주택은 신축보다 유지, 보수, 관리비가 더 중요하다는
것을 알아야 한다. 10년 내에 대규모 보수·개축공사를 해야 한다면
신축비에서 절감했다 하더라도 의미가 없어질 것이다. 우선, 면적
대비 여름철, 겨울철 유지비의 적정 수준을 알아야 한다. 그리고
내외장재의 내구연한과 청소에 드는 비용까지 계산해두어야
한다. 입주 직후에는 집 안 곳곳을 둘러보며 하자가 없는지 주의
깊게 관찰해야 한다. 문제를 빨리 발견해야 재시공을 받을 수 있고
시공사에서도 손쉽게 상황에 대처할 수 있다.

집짓기 캘린더

집짓기는 땅 찾기에서 완성까지 긴 시간이 걸리는 대규모 프로젝트이다. 많은 서류 제출과 몇 차례에 걸쳐 나누어 내는 공사비 등 일정이 무척 복잡하고 체크해야 할 내용도 까다롭다. 시작하기 전에 전체 진행을 완벽하게 파악하고, 시기마다 자금을 어떻게 운용할지 섬세하게 계획을 세우지 않으면 애초의 예산은 아주 쉽게 어긋나버린다.

← 스케줄에 따른 돈의 움직임을 체크하자!

11 집에 대한 이미지 구체화하기

어떤 집에서 살고 싶은가? 그 집에서 어떤 삶을 꿈꾸는가?

집짓기에 성공하려면 '어떤 집에서 어떻게 살고 싶다'는 구체적인 이미지를 그려야 한다. 추상적이고 뜬구름 잡는 식의 구상만으로는 실천하기 어렵다. 예산과 일정을 확정하기 전에 가족 구성의 변화와 라이프스타일, 집에서 지내는 방법, 취미, 지금까지의 생활에서 불만스럽고 불편했던 점 등을 가족이 함께 얘기하면서 확인하고 정리한다.

　　　현재 생활에서 불편한 점, 변화가 필요한 부분 등을 먼저 정리한 다음, 좋은 집에 대한 이미지를 좀 더 구체화해본다. 가족 구성원들 각자 필요한 면적과 공간, 부피가 큰 가구 등을 정리해보면 막연했던 집의 모습에 어느 정도 윤곽이 생긴다. 그 다음이 정보 수집이다. 여러 가지 정보를 접하면 가족이 그린 이미지에 맞는 건축스타일, 생활방식에 맞는 설비기기가 서서히 모습을 드러낸다. 토지 매입과 건축사무소 결정 등은 큰 계약이기 때문에 신중에 신중을 거듭해야 하며, 계약서에 서명하기 전에 최대한 오랫동안 정보를 수집한다. 시공사 역시 가능하면 몇 군데를 비교검토한 후에 결정하자. '아는 사이라서, 싸게 해주니까' 등의 이유로 시공사를 결정하면 후회의 원인이 된다.

정보를 모으고 싶을 때는 여기서!
— **각종 잡지**
　여러 가지 주택의 사진 중에서 마음에 드는 집을 스크랩해두면 이미지 만들기에 도움이 된다. 유행하는 정보도 체크하자.
— **인터넷**
　집짓기의 체험담이 있는 블로그나 사이트는 정보의

보고. 하우스메이커의 상품과 건축가, 설비기기의 최신
정보도 체크하자.

— 텔레비전·신문
각 사의 광고와 이벤트 정보는 여기에서. 주거에
관계되는 법률의 개정과 집짓기의 문제점에 관한 뉴스도
체크하자.

— 입소문
실제로 집을 지은 사람이 주변에 있다면 꼭 얘기를
들어보자. 지역밀착형의 공무점은 의뢰한 사람의 평가를
듣도록 하자.

— 모델하우스
모델하우스가 모여 있는 주택전시장에서는 실제의
공간을 체험할 수 있어서 사진과 도면에서는 알 수
없었던 스케일을 확인할 수 있다.

— 카탈로그
마음에 드는 하우스메이커나 설비기기를 발견했다면
카탈로그를 얻어 꼼꼼히 검토하자. 각 사의
웹사이트에서 메일로도 신청할 수 있다.

정보 수집이 성공의 열쇠, 다양한 방식으로 알아보자

주택 관련 잡지나 서적, 인터넷, 시공사의 카탈로그, 다양한
건축박람회 등 여러 채널이 있을 것이다. 마음에 드는 시공 사례나
평면을 발견하면 꼭 스크랩해두자. 특히 단독주택의 경우 아파트와
달리 방문할 기회가 없기 때문에 공간을 체험할 수 있는 기회라면
줄자와 노트를 챙겨 가서 스케일을 가늠해보는 것이 좋다. 각종
설비기기는 박람회에서 직접 사용해보며 생산자에게 자세히 상담
받는다.

인터넷 정보도 무시할 수 없다. 최근에는 집짓기를 주제로
한 블로거들의 활약이 두드러지니, 경험자들의 노하우가 귀중한
자료가 될 것이다.

→
집에 대한 이미지가 정리되었다면
앞으로의 스케줄을 확인해보자.

어떤 집을 지을 것인지
구체적인 상을 그리고 시작

집짓기 체크포인트
→

**토지를 매입할 때는
서두르지 말고 꼼꼼하게**
땅을 살 때는 지반의 상황이나
주변 환경 등을 꼼꼼히
체크해야 한다. 평일과
휴일, 낮과 밤 등 여러 차례
조건을 바꾸어 방문한다.
설계를 의뢰할 건축사무소를
정했다면 반드시 매입 전에
현장에 함께 방문해 검토를
받고 의견을 듣도록 한다.

신뢰가 가장 중요하다
완벽한 실시 설계를 마치기
전에 개략적인 평면으로 비교
견적을 받아 그 내용을 보고
세부 설계를 결정하는 것이
좋다.

START
집짓기에는 건축가와 시공사,
작업인부, 부동산, 은행 등
여러 사람들이 관여하기
때문에 전체적인 일정표를
지니고 있어야 한다. 일정표에
공사 일정과 체크포인트, 지불
시기를 정확하게 메모해두고,
현금 지불을 해야 하는 항목을
별도로 기록한다.

1
땅 찾기
땅 매입

2
의뢰처
결정

3
설계 · 감리 · 공사
계약 체결

**땅을 매입할 때는
필요한 서류가 많다**
— 매매계약서 사본
— 토지, 건물등기부등본
— 토지, 건물의 위치도 및
   지적측량도
— 주민등록증
— 소득증명서
— 인감증명서
— 신분증 등

서류는 정확하게
계약서와 견적서는 건축주가
모든 항목을 충분히 이해할
때까지 읽는다. 애매하다고
느껴지거나 낯선 용어가
있다면 반드시 질문하고,
추가사항이 있다면 계약서에
병기할 것을 요청한다.

돈과 서류의 흐름
→

**구입비용 이외에도
지출이 있다**
— 매매계약서인지세
— 토지의 소유이전등기비용
— 수수료(계약 시에 필요.
   통상적으로는 계약 후
   3개월 이내에 잔금 지불)

인지세를 잊지 말자!
— 설계 · 감리 · 공사 계약의
   인지세
— 설계착수금(전체 설계비의
   10~20%가 표준)

범위를 확실하게

건축가에게 원하는 사항을 구체적으로 전하고, 설계의 범위를 어디까지 설정할지 협의한다. 기본 설계 단계에서부터 예산 조정이 필요하다면 희망사항의 우선순위를 매겨 예산 배분에 강약을 조절하며 건축가와 상의한다. 설계에 현실적인 예산 범위가 반영된 공사 견적을 받기 위해서는 건축가에게 기본 설계에 따른 예산을 우선적으로 상담 받는 것이 좋다.

도면을 보며 마감을 상상해보자

얼마나 상세한 이미지를 건축주에게 제시하느냐에 따라 모형 제작이나 투시도 프로그램 제작 등에 관한 내용을 설계 계약 때 추가 비용으로 책정하는 경우가 있다. 건축주가 원하는 내용과 수준을 건축가에게 얘기하고 설계 계약 때 미리 공지를 받도록 한다. 어떤 수단을 통해서든, 건축주는 실시설계 상황을 정확하게 예측할 수 있어야 한다.

각종 필요 서류를 신청한다

국민주택규모에 따른 정부 지원책, 지자체마다 있을 수 있는 혜택들, 친환경 설비기기로 지원을 받을 수 있는 조항 등을 이 시기에 체크하고 신청한다.

자금 계획을 여기서 마무리!

그간 세워두었던 자금 계획과 운용 계획은 대출 상담을 완료하고 대출 규모를 결정하면서 마무리한다. 주택 대출이 실제로 나오는 것은 건물의 완성 후이기 때문에 이 시기에 다양한 채널을 통해 상담 받고 가능한 대출 규모를 확정짓자. 공사 진행 중의 지불에 대해서는 안정적으로 현금을 확보해야 한다.

앞으로의 일정을 체크

평면이 결정되면 설계비와 건축공사비, 앞으로의 공사 스케줄과 지불 회수와 시기를 확실히 메모한다.

4	5	6	7	8
기본 설계	실시설계 최종 확인	평면 결정	건축허가 접수	대출 신청

설계비의 일부를 지불
— 설계비의 일부 (20%가 표준)
— 지반조사를 하는 경우는 조사 비용이 추가로 든다

설계비의 일부를 지불
— 설계비의 일부 (40%가 표준)

각종 서류 신청에도 비용이 발생한다

건축허가 신청비 등 각종 서류를 신청하는 데도 비용이 발생하니, 미리 준비해야 한다.

주택 대출 신청 시의 필요 서류
— 본인확인 서류
— 소득증명관계 서류
— 물건관계 서류
— 인감증명서
— 주민등록증 등

주택 대출 신청 시의 각종 제경비
— 대출 계약의 인지세
— 보증료 등

과정별 체크 포인트

집짓기 체크포인트
→

건축가와 함께 현장 체크
터파기와 기초 공사 첫 며칠은 반드시 건축가와 함께 현장에 있는 것이 좋다. 혹시나 예측하지 못했던 문제가 발생할 수 있고, 그날의 기후, 지반의 상태에 따라 계획을 변경할 수도 있기 때문이다.

도면을 꼼꼼히 체크
시공사와 계약을 할 때는 계약서와 함께 견적서, 도면, 시방서 등 체크할 서류가 많다. 완전하게 이해가 될 때까지 계약서 사인을 서두르지 말고 모든 구비서류를 챙기자. 특히 공기가 늦어질 경우 어떻게 대응할지에 대해서도 서면으로 확인한다.

이웃과 인사
공사를 시작하기 전에 반드시 이웃에게 인사를 한다. 건축주든 현장 책임자든 이웃에게 공사 시작을 알리고 혹시나 생길 수 있는 불편한 점에 대해 미리 공지하고 양해를 구한다.

상량식(上梁式)
상량식은 지역에 따라 방식이 다르기 때문에 시공사의 책임자에게 문의해보자(최근에는 생략하는 경향이 있다).

9
공사청부
계약 체결

10
공사
시작!

11
땅 정리

12
기초
공사

13
목공사
(상량식)

공사 시작시의 지불
— 건축공사비의 일부
  (1/4이 표준)
— 해체공사비
  (재건축의 경우)
— 임시 거처로 이사할 경우
  이사 비용(재건축의 경우)
— 임시 거처의 집세
  (재건축의 경우)

공사비의 일부를 지불
— 건축공사비의 일부
  (1/4이 표준)
— 상량식 비용

돈과 서류의 흐름
→

추가 공사가 발생한다면?
공사를 시작한 뒤의 변경이나 추가사항은 예산 초과의 원인이다. 실시설계도와 다르게 공사를 진행해야 하는 상황이라면 현장 책임자와 상의하고 건축가에게 다시 의뢰해서 비용에 관한 부분까지 명확하게 정리하고 넘어가야 한다. 또한 변경사항에 대한 내용과 날짜를 반드시 기록해둔다.

주택금융 지원기구의 심사
주택금융 지원기구를 이용하는 경우 이때 심사가 진행된다.

도면과 늘 맞춰보자
콘센트, 스위치의 위치와 개수는 사소해 보이지만 편리함을 결정하는 무척 중요한 요소다. 도면대로인지 꼼꼼히 확인하자.

시방서와 비교해 체크!
현장을 방문한다면 진행된 부분의 크기나 마감이 도면대로 되었는지 체크하자.

14
지붕공사 /
외부
창호공사

15
바닥공사 /
단열공사

16
배관공사
배선공사

17 · 18
외부 · 내부 마감공사 /
내부 창호공사

공사비의 일부를 지불
— 건축공사비의 일부
(1/4이 표준)

마감 상태 확인,
공사비 완불과 비용 체크!

집짓기 체크포인트
→

외부공사 체크!
도로 복구, 외부 주차장 등 법적으로 반드시 마무리해야 하는 공사를 체크한다. 준공 직전에 정원 꾸미기까지 완벽하게 마치려면 예산을 초과하기 쉽기 때문에 주의하자!

마감 상태 검사
건축법에 따라서 제대로 되었는지를 확인하는 검사와 주택성능표시 검사를 실행한다.

마감을 꼼꼼히 체크!
최종확인이라고 생각하고 마감을 꼼꼼히 체크한다. 다시 공사해야 할 경우 비용의 발생과 그 부담에 관해 확인한다. 설비기기의 사용 방법을 모를 경우 반드시 질문한다. 보증서와 설비의 취급설명서, 건물의 손질에 대한 안내서, 열쇠를 이때 받아둔다.

설비를 체크!
시방서대로 정확한 기종(또는 색)의 설비기기가 반입되었는지 확인한다.

세세한 모든 수속
이사하기 전에 전기와 가스, 수도 등의 수속을 해두자.

19	20	21	22	23
설비기기 공사	외부 공사	건물의 완성! 등기	준공 검사	사용승인 / 인도

등기에도 비용이 필요!
— 등기 관련 비용

최후 지불
— 건축공사비의 잔금
— 설계비의 잔금
— 추가공사비 정산
— 화재보험료

돈과 서류의 흐름
→

검사 비용의 지불
— 완료검사 비용

모든 수속을 마친다
이사에 맞추어 주민등록의
이전과 우편서비스의 수속을
해둔다. 이삿날은 공사 중에
폐를 끼쳤던 점에 관해 사과를
겸해서 이웃에 인사한다.

예산 초과에 주의!
의외의 비용이 드는 커튼,
가구를 포함하여 예산을
초과하지 않는지 주의하자.

마지막까지 확실히!
주택 대출 공제를 받기
위해서는 확정 신청이
필요하다. 잊지 말자!

24
가구와 커튼
반입

25
이사

새로운 생활
START!

이사 전의 준비 비용
— 가구 구입비
— 비품 구입비

새로운 생활을 위한 비용
— 부동산 취득세
— 고정자산세
— 도시계획세
— 단체신용생명보험료
　(대출이 시작될 때)

이사에 필요한 비용
— 이사 비용
— 이웃에 인사할 때 들고
　가는 간단한 선물 비용

Part 1
예산을 세우다

계획한 예산에 맞춰 최대한 만족도 높은 집을 만드는
것이 포인트. 이를 위해서는 예산을 어떻게 배분하고
무엇에 돈을 들이고 무엇을 줄일지 가려내야 한다.
이 장에서는 구체적인 사례를 통해 방 배치에서 내장재,
설비기기, 기타 세부 비용에 대한 계획까지 소개한다.
장기적인 계획을 세우는 데 기초 지식이 될 것이다.

기본 지식

12 관련 법률

토지를 매입할 작정이라면 법에 강해지자!

집짓기에 관련된 법률은 건축법에 정리되어 있다. 예를 들어 땅마다
정해진 '용도지역'에서는 땅에 따라서 건폐율(대지에 대한 건물의
넓이)과 용적률(대지에 대한 건물의 크기)이 정해져 있다. 건물의
높이를 제한하는 법률은 인접지의 일조를 확보하기 위한 것이기
때문에 맘대로 집의 높이를 정할 수 없다. 땅을 구입하기 전에
전문가와 함께 가보고 조언을 구하자.

집의 넓이는 어떻게 정하지?

토지에는 '주거지역', '상업지역', '공업지역' 등의 용도가 정해져
있고 여기에 세분화된 지역에 따라 건물의 넓이(건폐율)와
크기(용적률)도 정해져 있다. 예를 들어 '건폐율 60%'의 토지는
대지의 60%만큼의 면적만 지을 수 있다.

주의해야 할 용도지역

— 전용주거지역, 일반주거지역: 일조 등의 확보를 위하여 정북
  방향의 인접대지경계선으로부터 거리에 따라 높이가 정해져
  있음.
— 방화지역: 총면적 30m²를 넘는 건물은 내화구조로 해야 하고
  원칙적으로 목조는 불가.

집의 높이는 어떻게 정하지?

건축물의 높이는 일조·채광·통풍·미관 등을 결정하기 때문에,
도시환경을 확보하기 위해 건축물의 높이를 제한하는데, 보통
도시의 각 구역마다 집단화하여 높이를 규제한다. 건축물
전면 도로의 반대쪽, 정북방향 대지경계선, 인접대지와 경계선
등으로부터 그은 일정한 사선 이내에서 건축을 제한하는 것을 보통
사선제한이라고 한다.

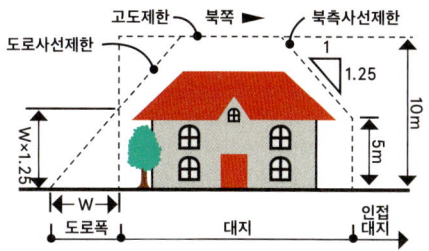

도로사선제한, 북측사선제한, 인접지 사선제한

도로사선제한은 건축허가권자가 지정하여 공고한 건축물 최고
높이가 정해지지 않은 가로구역(도로로 둘러싸인 일단의 지역)의
경우 건축물의 각 부분의 높이는 그 부분으로부터 전면 도로의
반대쪽 경계선까지의 수평거리의 1.5배를 넘을 수 없다는
제한이다(다만, 대지가 둘 이상의 도로, 공원, 광장, 하천 등에 접하는
경우에는 건축물의 높이를 해당 지방자치단체의 조례로 따로
정할 수 있다). 북측사선제한은 일조를 확보하기 위해 건축물의
높이를 제한하는 것으로, 전용주거지역과 일반주거지역 안에서
건축하는 건축물은 정북방향의 인접대지경계선으로부터 일정
거리를 띄어야 하며, 공동주택은 법이 정하는 기준에 맞아야 하고
일정한 높이 이하로 해야 한다는 제한이다. 인접지 사선제한 또한
일조를 확보하기 위해 높이를 제한하는 것으로 건축물의 높이를
정남방향의 인접대지경계선으로부터 거리에 따라 일정한 높이
이하로 규제하는 내용이며, 높이는 각 지방자치단체장이 정하여
고시한다.

13 좋은 땅 고르기

안전한 땅

자연재해를 막을 수는 없지만 신중하게 토지를 선택해 재해에 따른
피해를 최소한으로 할 수 있다. 피해를 가능한 한 줄이기 위해서는
지반의 상태가 관건이다. 특히 강이나 늪 옆의 땅, 가까이에 밭이
많은 땅은 주의해야 한다. 아무래도 지반이 연약한 경우가 많아서
지반 개량이 필요하다. 가까이에 강이 없어도 지명에 천(川), 소(沼),
지(池)와 같이 물과 관계되는 글자가 들어 있는 땅도 주의한다.
강이나 늪지를 메워서 조성했을 가능성이 높다. 하구나 항만 지역을
메워서 만든 땅도 자연재해에 취약하다.

주의가 필요한 연약지반과 성토

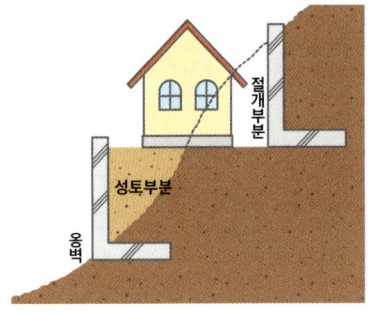

연약지반의 대지 — 지반이 약한 토지에
집을 지을 경우는 말뚝을 박아 넣거나
지반을 콘크리트로 개량하는 지반 강화
공사가 필요하다.

성토하여 새롭게 조성한 토지는 지반의
경도차 때문에 지반 개량(또는 지정 공사)이
필요하다.

규모가 큰 대형 택지라면 언뜻 안전할 것 같지만 어차피 성토해서
택지지구를 조성하기 때문에 같은 구획 내의 토지라도 지반의
경도에 따라(위 그림 참조) 부동침하를 일으키는 땅일 수도 있다.

기초공사의 설계방법은 지반의 강도에 따라 정해지고
하자담보책임보험을 들 때도 지반조사결과를 제출해야 하기 때문에
사실상 지반조사는 필수다. 지반을 개량하는 방법으로는 연약
지반층의 깊이에 따라 시멘트와 흙을 섞거나 강관말뚝을 박아 넣는
개량법이 있다.

지반 외에 주변 환경도 주의한다. 가장 가까운 역에서
집까지의 길을 주변 상점을 확인하면서 낮과 밤, 평일과 주말 등
시간과 요일을 달리하여 걸어보자. 조금 삭막해 보이는 땅이라도
앞으로 도시계획이 예정된 경우가 있다. 역이 새로 생긴다면
환경도 전혀 다르게 바뀌기 때문에 관공서를 방문하여 앞으로의
도시계획을 체크해보는 것도 좋다.

줄기초와 통기초의 특징

건축법에서는 지내력에 따라 사용할 수 있는 기초의 형식이
규정되어 있다. 단독주택의 기초공사로는 '줄기초'와 '통기초' 두
종류가 있다. '줄기초'란 외벽과 방을 나누는 내벽의 하부를 따라
좁고 길게 콘크리트를 타설하는 일체성형의 기초. '통기초'는
건물의 하부 전체에 콘크리트를 타설하여 콘크리트 면으로 건물을
지지한다. 최근에는 시공성이 좋은 '통기초'를 사용하는 경우가
많은데, 이 경우 추운 지역에서는 단열대책이 필요하다.

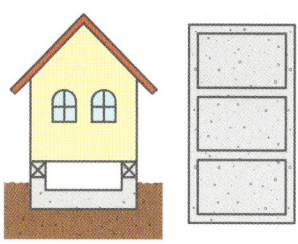

통기초
건물의 아래 전면을 철근콘크리트로
굳힌 기초. 건물의 하중이 면으로
분산되어 부동침하를 방지하고 내진성도
높다. 연약 지반에 적합하다.

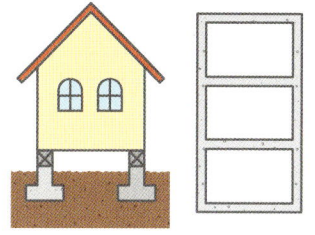

줄기초
일반적인 주택의 기초. 건물의
바깥주변과 방이 구획되는 벽의 하부를
따라 기초부분이 가늘고 길게 연속되어
'연속기초'라고도 한다.

14 토지 구입 Q&A

Q.
주택 밀집지역에서 채광이 좋은 집을
찾는 비법은?

재건축일 경우 해체나 공사 중의 각종 문제에 주의
주택 밀집지역이라면 채광과 통풍, 그리고 프라이버시 확보가
관건이다. 일명 '뱀장어의 잠자리'라 불리는 좁고 긴 대지에서는 양
옆쪽의 채광을 확보하기 어렵지만 보이드를 이용해 상부의 채광과
통풍을 확보하면 쾌적한 집을 지을 수 있다.

밀집지에 집을 지을 때 주의해야 할 또 하나는, 지진이나
화재에 대비한 계획이다. 옆집의 화재에 대비하여 방화 효과가 높은
외벽재를 사용하는것이 좋다.

놓치기 쉬운 것이 공사를 시작한 뒤 이웃 간에 생길 수 있는
각종 트러블이다. 좁은 도로에 면해 있는 땅이나 '깃발모양 대지'의
경우 공사 차량이 가까이까지 들어오지 못할 수도 있다. 그럴 경우
현장으로 자재반입이 곤란하기 때문에 중량철골로 건축하기가
어렵다. 가까이에 주차장을 빌리려면 그만큼의 예산을 확보해야
한다. 재건축일 경우, 해체 시에 옆집과 트러블이 발생할 수 있기
때문에 가능하면 밀집지의 해체에 익숙한 업자를 선택한다.

A.
채광과 통풍은 위쪽 보이드 설계로 OK!
단, 건축자재나 공법에 제한이 있을 수 있다.

협소지라도 쾌적한 집을 지을 수 있다

삶을 쾌적하게 만드는 가장 중요한 조건은 넓이보다는 채광과
통풍의 확보. 예를 들어 남쪽 채광이 어렵다면 상부에 개구부를
두어 채광과 통풍을 확보할 수 있는 설계를 생각할 수 있다. 좁은
땅에 3층 건물을 계획하고 있다면 연면적을 넓힐 수는 있겠지만,
높이제한 때문에 3층까지 높이지 못하는 경우가 많다. 이럴 때는
1층을 반지하로 설계할 수도 있다. 단, 지하공사는 지상공사에
비해 1.5배 이상의 비용이 들기 때문에 토지를 구입하기 전에
용도지역(사선제한)을 확인하자.
　　　　20평 이하의 협소지에 집을 짓는 경우, 문제가 되는 것이
옆집과의 거리. 인접대지에서 외벽은 최저 50cm(벽 중심에서는
60cm)가 필요하다. 대지를 아슬아슬하게 사용하면 에어컨
실외기나 가스계량기의 배치가 어려워질 수도 있으니 처음부터
염두에 두어야 한다.
　　　　밀집지에 재건축을 할 때 해체 작업이 곤란하거나, 막상
해체를 시작했더니 옆집의 내벽이 노출되는 경우가 종종 발생한다.
예상보다 비용이 높아지는 부분이니 실제 공사에 착수하기 전에
철저하게 조사하고 가능하면 자금에 여유를 두자.

A.
협소지라면 도로사선제한이나
높이제한을 우선 체크!

Q.
단차나 고저차가 있는 대지는
비용이 많이 들까?

단점을 장점으로 바꾸는 설계

대지와 도로에 단차가 있는 땅의 경우, 주의해야 할 것은 지반의
상태. 조성단계에서 성토한 경우라면 지반이 연약하기 때문에
보강이나 지반 개량이 필요하다. 그럴 경우 보강공사에 추가
예산이 소모된다. 더욱이 지반이 연약한 땅은 비가 오면 흙이 쓸려
내려가는 일도 있기 때문에 식재를 추가하는 등의 조경공사가
요구되기도 한다. 이때에도 추가 예산 발생! 고저차가 있는 땅의
경우, 제대로 된 흙막이나 옹벽을 설치해야 하기 때문에 일반적인
경우보다 토목공사 비용이 많이 든다. 특히 경사지에 조성한 땅은

깎아내린 부분에서 물이 나오는 경우가 있어 특별한 방수공사가
필요하다.

　　　연약지반이 아니라면 단차나 고저차는 설계할 때 오히려
장점이 될 수 있다. 옆집의 시선이 신경 쓰이지 않기 때문에 탁 트인
전망이 좋은 집이 가능하다. 단차를 이용한 스킵플로어로 설계하면
공간에 변화를 줄 수 있고 개방감을 극대화할 수 있다. 또 도로와의
단차를 잘 활용하여 차고, 주차장 등을 반지하로 만들면 일부러
지하를 파는 것보다 적은 비용으로 독특한 공간을 만들 수 있다.
상부를 목조(또는 철골), 반지하 부분은 콘크리트인 혼합구조로
계획하면 더 튼튼하면서도 다양한 모습을 즐길 수 있는 주택이
된다.

A.
기초공사나 지반 개량에 추가 예산 필요. 하지만
특별히 연약지반이 아니라면 전망, 반지하 공간 등
장점을 적극 활용할 수 있다!

15　의뢰처 고르기

각각의 장점과 단점을 확인하자

집짓기의 의뢰처는 주로 건축가, 하우스메이커, 공무점.* 각각
장단점이 있기 때문에 우리 집짓기에 맞는 의뢰처를 고를 필요가
있다. 시간이 촉박하거나 기본 평면에 원하는 것을 간단하게
추가하고 싶은 사람이라면 하우스메이커의 규격주택을 추천한다.
회사에 따라 주택 대출 서비스까지 지원하기도 한다.

　　　이에 반해 자신만의 스타일이 있고 살고 싶은 집의
이미지가 확실하다면 건축가에게 의뢰하자. 건축사무소는 시공을
겸하지 않기 때문에 이때는 시공 계약과 설계 계약을 별개로 해야
한다. 보통은 설계 계약과 함께 감리 계약까지 체결해 공사의
안정성을 확보한다.

　　　공무점은 해당 지역을 기반으로 하는 소규모 시공회사라고
할 수 있다. 그 지역 특색에 강하기 때문에 섬세하게 관리받을 수
있고 비용도 비교적 합리적이지만, 특별한 설계나 재료의 사양에
대해서는 선택의 폭이 좁을 수 있다.

＊
일본의 경우 건축가가
운영하는 전문
건축사무소 이외에
집을 설계해주는
업체의 종류가
다양하다. 그러나
아파트가 보편화된
우리나라에서는
시공사에서
기본적인 설계를
하고, 법적으로
허가만을 담당하는
속칭 '허가방'이
일반적이다. 이 책의
'의뢰처 고르기'
내용은 일본에 유효한
경우이지만, 단독주택
시장이 확대될 경우
우리나라에도 이와
비슷한 양상이 나타날
것이라 예상해
내용을 삭제하지
않고 적절하게
편집해 싣는다.　**27**

나의 상황과 스타일에 맞는 의뢰처를 찾아보자

"시간이 없어, 빨리 지어야 해!"
이사 날짜가 촉박하거나 자녀의 학교 문제 등이
걸려 있어 시간이 촉박한 A씨.

하우스메이커를 추천!
속도는 하우스메이커가 가장 빠르다. 기본 평면과 이에 따른 재료가
어느 정도는 준비되어 있기 때문이다. 개별적으로 설계를 추가한다
하더라도 설계에 보통 1~2개월, 공사는 2~3개월에 완성된다.

"비뚤배뚤 마음대로 생긴 땅에 나만의 집을 짓고 싶어!"
변형이 심한 땅을 매입한 B씨.
평범한 평면으로는 대지가 낭비될 수 있다.

독창적인 집은 건축가에게 의뢰!
설계에 남다른 고민이 필요하다면 건축가와 오랜 시간을 두고
차분하게 상담하면서 집짓기를 진행하자. 나와 내 가족의 삶과
취향에 딱 맞는 이 세상에 하나뿐인 집을 가질 수 있다.

"안심할 수 있는 파트너가 필요해!"
생전 처음 집짓기에 나선 C씨. 모든 것이 불안하다.

신중파인 당신에게는 대기업 하우스메이커를 추천!
대기업 하우스메이커라면 대기업만이 가질 수 있는 장점인
안정감이 있다. 대기업끼리 경쟁이 치열하기 때문에 기술적인
측면에서도 안심할 수 있다.

"비용을 절감한 집을 짓고 싶어!"
예산은 줄이고 지역의 업자와 즐겁게 안심하고 집짓기를
하고 싶다는 D씨.

지역을 기반으로 운영하는 공무점을 추천!
공무점의 매력은 뭐니 뭐니 해도 저렴한 비용으로 설계를 진행할
수 있다는 데 있다. 또한 집을 지을 지역에서 가까운 곳에 위치하고
있는 경우가 많아 지역만의 편리성, 준공 후 유지관리 측면도
강점이다.

16 건축가·하우스메이커·공무점의 차이

→
시간도 수고도
비용도 들지만
세상에서
하나뿐인
나만의 집을
짓는다!

독창적인 건축가

라이프스타일, 취향이 남다른 사람에게는 건축가와의 집짓기를
추천한다. 또 협소지나 변형지, 주택밀집지 등 대지에 문제를 안고
있는 경우도 건축가와 작업하길 권한다. 공사감리도 함께 의뢰할 수
있기 때문에 시공 과정을 좀 더 효율적으로 관리할 수 있다. 단, 인기
있는 건축가는 순서를 기다려야 할 수도 있고, 몇 번이고 평면을
수정하면서 진행하기 때문에 설계기간이 예상보다 길어질 수도
있다. 건축주 입장에서도 꿈과 끈기가 필요하다.

장점
— 변형 대지나 저예산에 탄력적으로 대응할 수 있다.
— 독창적인 설계를 기대할 수 있다.

단점
— 시간이 오래 걸린다.
— 건축주에게도 많은 에너지가 필요하다.

→
대기업
하우스메이커만의
안정감과 스피드

안정감 우선, 하우스메이커

집짓기는 일생의 한 번뿐인 비싼 쇼핑. 실수에 대한 두려움이
크다면 대기업 하우스메이커를 권한다. 기업에 따라 땅 찾기는 물론
자금계획이나 주택대출, 이사 준비까지 지원해주는 곳도 있다.*
단, 기본평면에 따라 부재의 사양이 어느 정도 정해져 있기 때문에
예산이나 대지에 따라 유연하게 대응할 수 없는 경우가 있다. 옵션을
몇 가지 추가하면 전체 비용이 크게 오르기도 한다.

장점
— 공기가 짧다!
— 여러 가지 평면에서 손쉽게 선택할 수 있다.

단점
— 대량생산을 전제로 하기 때문에 공법이 한정적이다.
— 부재의 사양에 제한이 있어 자유롭게 요구하기 어렵다.

*
한국의 경우 SK,
동화마루 등
대기업에서 운영하는
사업시스템이 있다.
그러나 대기업에서
공급하는 단독주택의
경우 럭셔리를
표방하기 때문에
일반적인 시공사에서
진행하는 것보다
대체로 훨씬
규모가 크고
비싸다.

유지관리는 맡겨주세요! 공무점

공무점은 지역밀착형 회사가 많기 때문에 의사소통이 쉽고 완공
후 유지관리도 확실하다. 또한 설계비가 공사비에 포함되어
있는 경우가 많아 비교적 싼 가격도 장점. 단독주택을 꿈꾸지만
예산이 빠듯한 사람에게 추천할 만하다. 단, 보수적이고 사무실이
소규모이다 보니 전문 설계진이 없는 경우가 많아 트렌드에 약하고
까다로운 조건의 디자인을 살리는 설계는 사실상 어렵다.

장점

— 지역 특성에 강해 상담이 쉬우며 가격 절감도 가능.

단점

— 공법이 한정적이기 때문에 디자인의 묘미를 살리기는
  어렵다.

17 주요 공법

주요 공법을 정하기 전에 알아둘 점

— 공법에 따라서 예산이 크게 바뀔 수 있다.
— 특정한 공법에 적합한 평면이 있기 때문에 시공법을
  먼저 정하지 말고 설계자와 충분히 상의한다.
— 주변 환경이나 대지의 조건, 유지관리 측면까지 고려한다.

다양한 평면에 순발력 있게 대응이 가능한 목조기둥보공법

콘크리트 기초 위에 나무로 기둥과 보, 가새(스지카이[すじかい]:
기둥과 기둥 사이에 엇갈려 걸치는 지주)를 구성한다. 과거에는
장인이 부재를 치목하여 못 없이 맞춤으로 구성했기 때문에 숙련된
기술이 필요했지만 최근에는 못과 연결철물을 사용하는 것이
일반적이고 지진 등 옆에서 오는 힘(횡력)에 대비하여 가새나
구조용 합판을 사용하거나 접합부를 금속으로 보강한다. 구조상의
제약이 적기 때문에 다양한 모양의 땅에도 유연하게 대응할 수 있고
개구부의 크기도 비교적 자유롭다. 현장에서의 작업이 많기 때문에
시공업자의 기술에 따라 편차가 심하다.

목조기둥보공법의 가장 큰 장점은 설계에 대한
유연성이다. 이 공법은 기둥과 기둥의 사이에 들어가는 샛기둥이
벽재를 붙일 때 바탕재가 되며, 그 위에 석고보드 등의 면재를 붙여

기본이 되는 '상자'를 만든다. 기둥과 보로 지지되기 때문에 다양한 방 배치나 디자인에 유연하고, 기둥의 위치를 자유롭게 설정할 수 있기 때문에 변형이 많은 땅에 유리하다. 또한 기둥이 2층, 또는 지붕까지 지지하기 때문에 기둥과 기둥 사이에 비스듬히 가새를 설치해 지진이나 강풍에 의해 집이 옆으로 흔들리는 것을 방지한다.

완공 후 증축이나 개축에 비교적 편리하다는 것도 이 공법의 특징이다. 공사기간은 보통 4~5개월로 프리패브공법이나 2×4공법에 비하면 약간 오래 걸리는 편이다.

장점
— 다양한 평면에 유연하게 대응할 수 있다.
— 협소지나 변형지에도 유리하다.
— 증축·개축이 쉽다.

단점
— 프리패브공법이나 2×4공법에 비해 공기가 길다.

← 기본지식
자유로운 설계가 가능하고 증개축에도 유연하게 대처할 수 있다

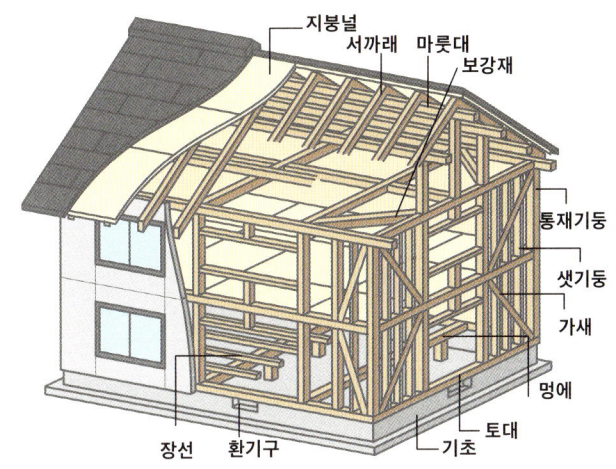

목조기둥보공법의 구조

지붕널 / 서까래 / 마룻대 / 보강재 / 통재기둥 / 샛기둥 / 가새 / 멍에 / 기초 / 토대 / 환기구 / 장선

단열이 뛰어난 2×4공법

사면으로 지지하여 지진력을 분산하는 2×4공법은 '경량목구조'라고도 부른다. 북미에서 발달한 공법으로 2×4인치(통상 38×89mm)의 구조재를 조합해 틀을 만들기 때문에 이런 이름이 붙었다. 구조재의 틀에 맞추어 구조용 면재로 면을 세워 기본적인 '상자'를 구성한다.

일반적으로 2×4공법은 지진에 강하다. '사각의 면으로 둘러싸인 상자'가 기본적인 구조가 되기 때문이다. 지진력이 건물에 가해졌을 때 천장＋바닥＋사방의 벽으로 그 힘을 받기 때문에

← 틈새가 생기기 힘들기 때문에 기밀성과 단열에 뛰어나다.

31

외부에서 가해지는 힘을 효율적으로 흡수하여 건물이 기우는 것을 막는다. 또한 목조기둥보구조에 비해 틈새가 잘 생기지 않기 때문에 기밀성과 단열도 우수하다.

기둥보구조에 비해서 기둥의 수가 적기 때문에 기둥이 노출되지 않는 오픈스페이스를 쉽게 만들 수 있는 것도 2×4공법의 장점이다. 다만, 벽의 양이나 면적이 건물의 강도에 영향을 주기 때문에 큰 개구부를 낼 수 없고, 창의 위치나 평면을 짤 때에 설계의 자유로움은 목조기둥보구조보다 덜하다. 또 2×4공법은 벽을 철거하기 어렵기 때문에 리폼이나 증개축이 어렵다.

→
공기가 짧고
비용이 저렴하지만
자유로운 평면에는
약하다.

장점
— 기밀성, 단열이 뛰어나다.
— 지진에 강하고 창이나 문을 내기에 편하다.

단점
— 다양한 설계에 자유롭지 못해 증축·개축이 어렵다.

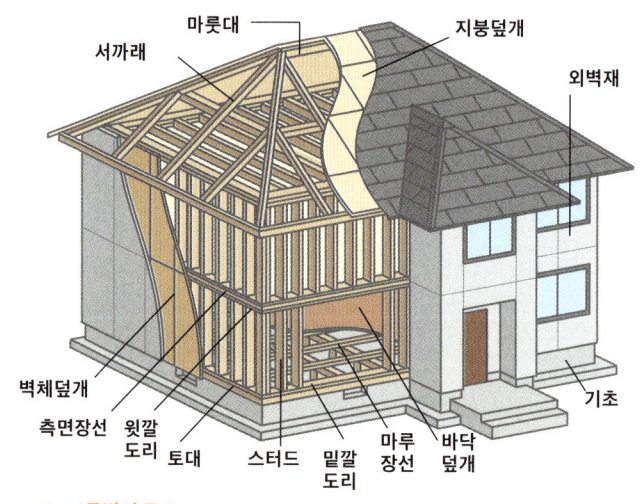

마룻대
서까래
지붕덮개
외벽재
벽체덮개
측면장선
윗깔도리
토대
스터드
밑깔도리
마루장선
바닥덮개
기초

2×4공법의 구조

공기가 짧고 강도가 높은 프리패브(Pre-fab)공법

→
독특한 설계라면
목조기둥보공법이
유리하다.

하우스메이커에서 많이 쓰는 공법 가운데 하나다. 처음부터 공장에서 규격 생산된 주택으로 공정의 대부분이 대량생산화되어 있다. 현장에서는 주로 조립만 하기 때문에 공기가 짧고 품질이 안정적이며 비용도 절감할 수 있다. 내진과 내화에 강하고 기밀성과 단열성이 높다는 장점이 있다. 단, 규격화된 부재를 사용하기 때문에 설계에 자유롭지 못하고 변형지나 좁은 땅에서는 불가능한 경우가 있다. '도시형' 상품은 좁은 땅에서도 지을 수 있기는 하지만 기본적으로 모듈화되어 있는 자재를 사용하므로 다양한 유형의 땅 조건에 모두 알맞은 집을 기대하기는 어렵다.

← 내진성, 내화성 등 기본 성능이 높으면서도 저렴하다

장점
— 공기가 짧고 비용도 절감할 수 있다.
— 저렴한 비용에 비해 우수한 성능을 얻을 수 있다.

단점
— 평면에 자유롭지 못하다.
— 특히 비정형의 땅인 경우 비효율적인 평면이 되기 쉽다.

내진과 내화에 탁월한 RC조

강도나 내구성, 내진성, 내화성 등 건물의 기본성능이 가장 좋은 공법은 철근콘크리트구조인 RC조. 압축에 강한 콘크리트와 인장에 강한 철근을 일체화한 RC조는 평면에 자유롭고 콘크리트 특유의 날카로운 느낌을 살린 모던한 건물을 지을 수 있다.

단, 콘크리트와 철근으로 기본 '상자'를 만들기 때문에 건물 자체가 상당히 무거워 시공 전에 충분한 기초공사가 필요하다. 지반의 보강이 필요하기도 하며 연약지반에는 불가능한 경우도 있다. 또한 공기가 6~8개월로 길고 비용도 비교적 비싸다.

철골의 기둥이나 보로 건물을 지지하는 S조는 목조기둥보구조와 같이 가새로 내력벽을 만든다. 경량으로 연약지반에도 세울 수 있고 RC조보다 비용이 낮다. 높은 내진성과 내구성을 겸비한 철골조는 철골을 올려야 하기 때문에 크레인차가 필요하다. 주택이 밀집해 있거나 도로가 좁은 지역에서는 크레인차가 들어가지 못해 시공이 어려울 수 있다.

← 기본 성능이 좋고 자유로운 평면계획이 가능하다!

장점
— 일반적으로 많이 사용되는 방식이며 설계가 자유롭다.
— 강도, 내구성, 내진성, 내화성 등 기본성능이 좋다.

단점
— 공기가 길고 비용도 비싸다.
— 건물의 중량이 있어서 지반에 따라서는 보강이 필요하다.
— 다른 공법에 비해 친환경적이라고 보기 어렵다.

설계의 기초
PLANNING

18 새로운 삶을 그려보기

집짓기를 생각하기 시작하면 대부분 외관디자인에서부터 거실의
넓이, 부엌의 설비까지 이상적인 집에 대한 이미지를 나날이
부풀리곤 한다. 처음엔 허황되거나 지나치게 화려한 집을 꿈꾸기도
하지만, 여러 차례 생각을 가다듬고 반복하면 어느새 꼭 필요한
주거의 요소들이 하나둘 정해질 것이다. 집짓기를 실천하려는
사람이라면 누구나 이 시기를 기꺼이 즐기게 마련이다.

우선은 짓고 싶은 집이나 새로운 삶에 대해 함께 생활할
가족 모두와 상의하고 모두의 희망을 노트에 적어보자. 구체적인
사진이나 그림이 있으면 반드시 잘라서 스크랩해두자.

이미지 만들기의 첫 단계부터 '예산을 생각하면 무리일 것
같아'라고 주저할 필요는 없다. 우선은 원하는 것을 전부 정리하는
과정이 중요하다. 이렇게 단계별로 생각이 정리되는 과정을 적어
두면 실제로 설계자를 만났을 때 큰 도움이 된다. 건축주의 바람과
꿈이 변화한 과정은 건축가가 기본 평면과 디자인을 설계할 때
도움을 준다.

19 집의 규모를 결정하기

바람과 희망사항을 정리했다면, 이번엔 '규모'를 결정해야 할
차례. 집을 짓기로 결정한 땅에 어느 정도 크기까지 집을 지을 수
있는지 확인하고, 필요한 공간의 크기는 얼마인지 그간의 노트를
비교해본다. 정확한 평수까지는 셈을 하지 못하더라도, 대략의
바닥면적 정도는 가늠해두면 좋다. 특히 용적률이나 높이제한 등이
어떤지, 도로용으로 땅을 어느 정도나 내주어야 하는지 정확하게
체크하자. 지반 사항에 따라 토목공사나 기초공사를 해야 하는지
또한 확인하자.

튼튼하고 오래가는 집을 짓기 위해서는 적절한 강도를

갖춘 구조로 짓는 것이 필수이다. 가장 안전하고 견고한 구조는
균형이 좋은 구조라고 할 수 있는데, 균형이 좋은 구조란 상하층의
벽이나 기둥의 위치가 일치하고, 네 모서리에 상하층을 가로지르는
기둥이 있거나 코너부에 내력벽과 가새가 있는 구조이다. 당연히
외관은 단순하고 외벽에 요철이 없는 형태일 것이다. 건물의 균형이
좋으면 지진이나 태풍 등 외부의 힘에 영향을 잘 받지 않는다.
　　　최근에는 넓은 공간을 선호하는 경향이 있는데 적은
기둥과 보로 높은 강도를 얻기 위해서는 통상적으로 사용하는
목조기둥보구조보다 두꺼운 구조목을 사용해야 한다.

20 균형 잡힌 구조

왼쪽은 상하층의 기둥의 위치가 일치하는 균형 잡힌 구조이고,
오른쪽은 1층과 2층의 기둥의 위치가 어긋나 있기 때문에 1층에
보강을 위한 보가 필요하다. 1층에 넓은 공간을 확보하고 2층에는
칸막이벽이 적은 구조일 경우, 1층의 적은 기둥으로 2층을 지지하기
위해서는 별도의 보강이 필요하다.

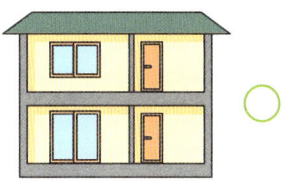 ○　　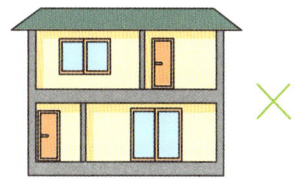 ✕

21 방배치

거실의 넓이, 창의 크기, 부엌의 카운터나 수납과 같은 구체적인
아이디어가 무수히 떠오르겠지만 처음부터 집의 전체적인 조화를
고려하기는 어려울 것이다. 전체 가족의 생활 리듬을 우선 파악하고,
각 방의 위치 관계를 따져보는 것이 방배치의 첫걸음이다.
　　　평면을 계획할 때 공간을 용도나 기능별로 분류하여
배치하는 것을 '조닝'이라고 한다. 어느 방 옆에 어느 방이 있으면
편리한지 집 안의 동선이 원활하게 이어지도록 배치를 정하는
것이다. 영역 분류법은 여러 가지가 있는데 여기서는 4가지로

나누는 방법을 소개한다.

첫 번째 영역은 가족의 중심이 되는 공적 영역. 가족이나 손님이 사용하는 거실, 식당처럼 공용성이 높은 공간이다. 이에 비해 침실, 아이방, 서재 등은 개인적인 공간으로 사적 영역에 해당된다.

→
조닝이란 방의 배치를 대략적으로 정하는 일. 식당의 옆에 부엌이나 거실을 만드는 등 서로 관련이 있는 공간을 옆에 배치하여 사적인 동선이 공적인 동선과 교차하지 않도록 하는 것이 포인트이다.

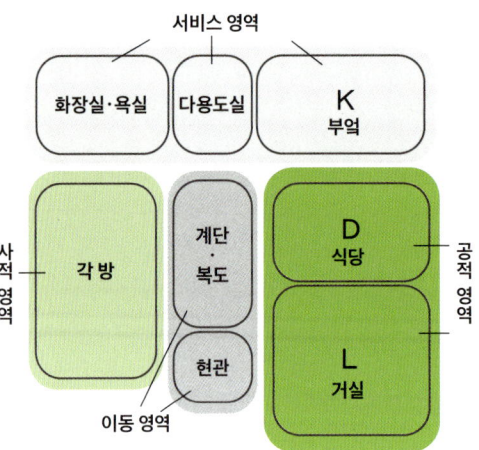

세 번째는 조리나 세면 등 기능과 연결되어 있는 서비스 영역이다. 부엌, 욕실, 세면실, 다용도실 등이 여기에 속한다. 마지막으로 이들 세 영역을 잇는 역할을 하는 이동 영역이 있다. 현관, 계단, 복도를 말한다.

이렇게 용도나 기능별로 정리하면 각각의 목적과 특성을 확실히 알 수 있다. 부엌 옆에 다용도실이나 세탁기를 두는 세면실이 있으면 가사동선이 짧아지고 편리하다. 이렇듯 커다란 분류로 시작해 세분화로 나아가는 것이 조닝의 원칙이다. 이어서 각각의 영역을 어떻게 배치할지 생각한다. 이때의 포인트는 서로의 관련성을 고려해 영역이 어지럽게 섞이지 않도록 하는 것이다.

22 변화에 대처하는 시공법

오래오래 편안하게 살기 위해서는 어느 정도 미래를 상상하고 예측할 수 있어야 한다. 가령 50년간 같은 집에 산다면 최소한 2세대 이상이 집을 거쳐가게 된다. 가족 구성원의 수는 물론 생활습관도 조금씩은 변할 것이다. 수십 년을 내다볼 수는 없겠지만, 삶의 주기가 바뀌었을 때 약간의 리모델링이나 최소한의 공사로 유연하게 대처할 수 있다면 좋을 것이다. 개축과 증축에 유리한 시공법을 고려하고, 방배치도 어느 정도 유연하게 계획할 수 있다. 예를 들어, 열린 방배치로 필요에 따라 벽을 신설한다거나 가구로 방을 나누는 방법, 또는 이웃하는 방의 칸막이벽을 쉽게 철거해 공간을 이을 수 있도록 하는 방법 등이다. 이럴 때 차후에 없앨 가능성이 있는 벽은 구조를 지지하는 내력벽으로 하지 않는 등 약간의 주의를 기울이면 나중에 큰 비용을 줄일 수 있다.

23 효율적인 동선

동선이란 문자 그대로 사람이 집 안을 이동하는 궤적이다. 현관문을 통해 실내로 들어가 거실을 지나 부엌으로 가는 등의 움직임을 선으로 나타낸 것이다. 동선에 낭비가 없으면 삶에 여유가 생기고 스트레스도 줄어든다. 동선은 가능한 짧게 서로 교차하지 않도록 하는 것이 기본이다. 동선을 짤 때는 목적한 장소에 자연스럽게 최단거리로 갈 수 있도록 하자. 이동에 불편이 없도록 공간의 크기(폭이나 길이)를 가늠하고, 특히 실내의 문이나 수납 문을 무리 없이 개폐할 수 있도록 공간을 확보하는 것이 포인트. 식구들이 동시에 움직이는 통로인데 너무 좁거나 통로 중간에 밖으로 여는 수납장을 배치한다면 몹시 불편할 수 있다.

최근 집을 짓는 사람들에게 주목받는 평면은 '순환형'이다. 동선이 고리가 되어 한 바퀴 돌 수 있도록 만든 계획으로 동선이

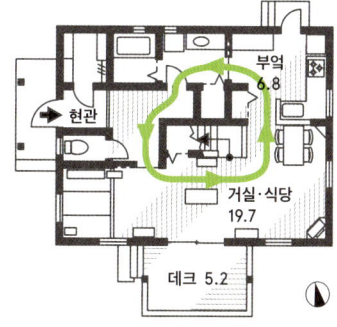

개방형 평면
부엌에서 거실 겸 식당, 서비스발코니, 데크로 자연스럽게 갈 수 있는 기능적인 평면. 열린 배치로 널찍널찍한 인상을 준다는 장점도 있다.

순환형 평면
부엌 → 세면실 → 현관 → 거실 겸 식당 부엌으로 한 바퀴 돌 수 있는 편리한 동선. 특히 집안일을 할 때의 동선을 배려한 배치이다. 순환형 평면에서는 거실이나 식당의 가운데가 통로로 이용되지 않도록 주의해야 한다.

쌍방향으로 넓어지고 막다른 골목이 없기 때문에 다시 되돌아가는 일 없이 움직임이 자연스럽다. 가족 모두가 자주 이용하는 물 쓰는 곳이나 현관 주변에 적용하면 유익하다.

동선은 살림의 방식이나 가족의 라이프스타일에 따라 달라지기 때문에 어떤 것이 정답이라고 단정 지을 수는 없다. 우선은 지금 살고 있는 집의 동선을 확인해보자. 멀리 돈다거나 몇 번이고 왔다 갔다 하게 되어 귀찮게 느껴지는 장소는 없는가? 지금의 삶에서 불만이라고 생각했던 점들이 그 가족에게 맞는 동선이 무엇인지 알려주는 실마리가 되어줄 것이다.

24 보편적인 공간의 크기

대략적인 조닝을 잡았다면 그다음엔 각 방의 배치나 넓이를 생각해보자. 이때 각 방의 일반적인 넓이를 알아두면 편리하다. 거실이나 식당, 부엌은 생활 습관과 취향에 따라 필요한 넓이와 폭이 다르다. 최근에는 열린 주방이나 LDK(리빙, 다이닝, 키친)를 원룸으로 하는 사례가 많다. 최소한의 바닥면적으로 넓게 쓸 수 있고 개방감이 높아져 실제 면적에 비해 여유가 느껴지기 때문이다.

부엌은 2.25평에서 3평 정도의 공간이 있으면 대체로 불편하지 않게 평면을 계획할 수 있는데, 너무 넓으면 가사동선이 길어져 오히려 효율이 떨어진다.

현관, 화장실, 욕실은 크기가 어느 정도 정해져 있는 공간이다. 현관은 1.5평 정도로 현관바닥과 한단 올라선 마룻바닥으로 나누는 것이 일반적이다. 화장실은 0.5평, 욕실은 1평이 보편적이다. 건축면적이 좁다면 화장실과 세면실을 함께 하거나 화장실과 세면실, 욕실을 원룸으로 하는 평면도 가능하다(70, 71번 참조).

침실은 더블사이즈 1대라면 3평으로, 싱글사이즈를 2대 넣는다면 4~5평이 필요하다.

거실	4~10평	아이방	약 3평
식당	2.25~4평	세면실	약 1.5평
부엌	1.5~3평	욕실	약 1평
침실	3~6평	화장실	약 0.5평
옷방	1.5~2평	현관·계단	약 2.5평 미만

25 채광, 통풍

쾌적한 생활은 빛을 끌어들이는 방법과 통풍 상태에 크게 좌우된다.
빛을 적당히 끌어들이고 자연스럽게 바람이 통하는 공간을 만들기
위해서는 창과 같은 개구부의 배치나 상하층의 공간 연결 등에
세심하게 주의를 기울이자.

     채광은 남쪽으로 창을 크게 내는 경우가 일반적인데,
반드시 남쪽이나 큰 창에 구애될 필요는 없다. 높은 측창이나
천창을 잘 이용하면 창이 작아도 밝게 느껴진다(123번 참조). 또한
주택밀집지라서 창으로 빛을 얻기가 어렵다면 중정을 설계하면
자연스럽게 집안 구석구석까지 빛을 끌어들일 수 있다(119번 참조).

     통풍을 좋게 하기 위해서는 대각선상의 두 방향에
개구부를 설치하면 효과적이다. 평면도상은 물론 입면도의
대각선도 고려하자.

통풍을 좋게 하기 위한 계획

한 방향으로만 창을 열면 공기의 순환이 충분하지 않다.
양쪽으로 개구부가 있어야 통풍이 좋아진다.
아래는 대각선으로 개구부를 확보한 평면도와 단면도.

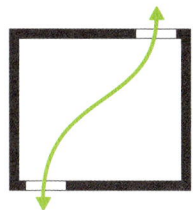 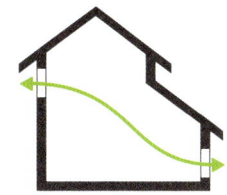

(평면도) 대각선 상에 개구부를 확보   (단면도) 대각선 상에 개구부를 확보

중정으로 빛을 끌어들이는 계획

남쪽에 중정을 두어 각 층마다 두 방향의 개구부를 확보했다.

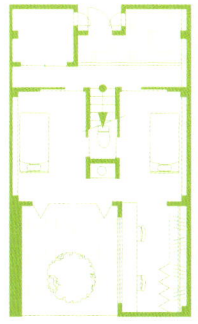 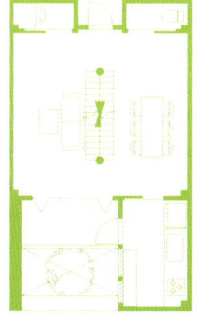 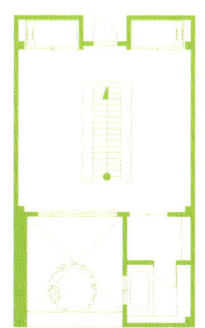

1F   2F   3F

26   시공면적을 줄이기

집을 작게 만들면 싸다고 하지만 주의할 점이 있다. 도면이
완성되고 나서 비용 조정을 위해 바닥면적을 줄이는 것이 아니라,
계획 단계에서부터 작은 집으로 설계하는 것이다. 단순히 규모를
축소하는 것만으로는 구조적으로도 디자인적으로도 균형을 잡기
어렵다. 또한 애초에 했던 설계에서 대폭 도면을 수정하면 비용을
줄이는 데도 좋은 집을 짓는 데도 효과적이지 못하다.

예시 1
장방형과 삼각형을 조합한 콤팩트하우스

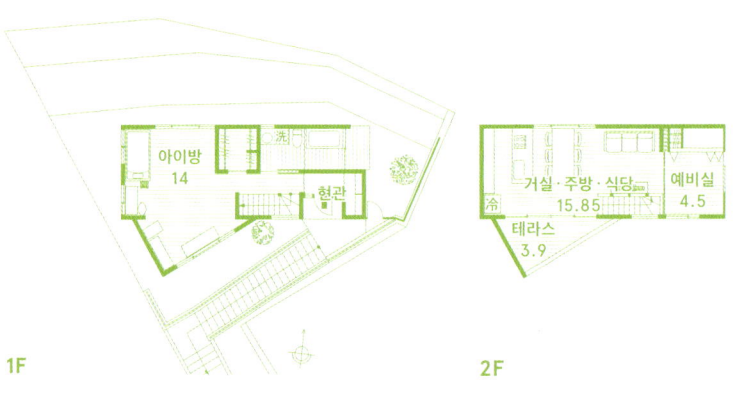

1F   2F

가족 구성	부부 + 아이 3명
대지면적	205.24m² (62.09평)
건축면적	44.54m² (13.47평)
연면적	79.32m² (23.99평)
	1F 41.23m² + 2F 38.09m²
구조·공법	목조 2층 (목조 기둥보구조)
공사기간	6개월
건물공사비	약 1,800만 엔
3.3m² 단가	약 75만 엔

대지는 비교적 여유 있는 부채꼴이었는데 예산이 적어 작은 집을
계획. 장방형에 삼각형을 연결한 재미있는 집이 되었다. 상하층 모두
거의 원룸의 개방적인 방배치로 사선을 넣어 공간을 넓게 활용했다.

↑
1층의 아이방. 삼각형의
공간에 책상을 두어
낭비 없이 활용.

↑
대지가 5층 건물과 비슷한
높이라서 전망이 좋다.

↑
2층의 LDK는 칸막이를
최소한으로 하고 천장을
사선으로 만들어 개방적인
공간감을 강조.

41

예시 2
공간을 유용하게 쓰는 작아도 쾌적한 집

1F　　　　　　　　　　　　　2F

가족 구성	부부 + 아이 2명
대지면적	87.65m² (26.51평)
건축면적	38.52m² (11.65평)
연면적	67.32m² (20.36평)
	1F 38.52m² + 2F 28.80m²
구조·공법	목조 2층 (목조 기둥보구조)
공사기간	6개월
건물공사비	약 1,450만 엔
3.3m²단가	약 71만 엔

1층, 2층 모두 칸막이를 최소한으로 한 궁극의 심플 플랜. 복도나
계단, 현관홀과 같은 이동공간을 거실로 끌어들여 공간 낭비를
완벽하게 줄였다. 살기 편한 동선을 확보해 작은 면적이지만
효율적이고 비용도 최소화할 수 있었다.

←
사각의 형태가 인상적인 외관.
노출콘크리트 담장 안쪽에는
진입로 겸 테라스.

↑
안팎의 연속성을 고려하여
남쪽을 전면 개구부로
한 LDK. 중앙에 배치한
현관문은 테라스를 오가는
기능도 겸한다.

→
보이드에 면한 서재는
아이방과 칸막이 없이 이어져
있다.

예시 3
건축주가 발주하거나 직접 만드는 DIY 제품 활용

1F

2F

가족 구성	부부 + 아이 2명
대지면적	135.26m² (40.92평)
건축면적	61.27m² (18.53평)
연면적	95.22m² (28.80평)
	1F 57.96m² + 2F 37.26m²
구조·공법	목조 2층 (목조 기둥보구조)
공사기간	5개월
건물공사비	약 1,850만 엔
3.3m²단가	약 64만 엔

설비기기나 창틀, 내장재 등을 건축주가 직접 발주하고, DIY제품을 적극 활용해 저렴한 비용으로 마감의 디테일까지 살렸다. 복도 등을 최대한 줄여 바닥면적을 최소화하면서 비용 절감을 꾀한 집으로, 천장은 따로 내장재를 마감하지 않고 구조재인 목재를 노출해 자연소재의 포근함을 더했다.

→
너도밤나무 원목으로
주문한 테이블이 주인공인
식당. 바닥은 원목재, 벽은
규조토(珪藻土)를 고집했다.
목재 창틀이 풍경을 잘라 담은
액자 같다.

←
보이드 상부의 천창을 통해
실내 깊숙이 빛이 들어온다.

예시 4
넓게 보이는 데 집중한 배치

1F

2F

가족 구성	부부 + 아이 1명 + 어머니
대지면적	137.83m² (41.69평)
건축면적	48.00m² (14.52평)
연면적	90.00m² (27.23평)
	1F 48.00m² + 2F 42.00m²
구조·공법	목조 2층 (목조 기둥보구조)
공사기간	4개월
건물공사비	약 1,500만 엔
3.3m²단가	약 55만 엔

총 건축비 1,500만 엔. 연면적을 줄이면서도 답답하게 느껴지지
않는 열린 방배치로 비용을 절감했다. 시선을 밖으로 유도해 최대한
널찍하게 보이는 데 집중한 배치. 목재의 느낌을 최대한 살려
내추럴한 분위기를 내겠다는 건축주의 꿈도 이루었다.

→
숲에 면한 남쪽에 바닥까지
내려오는 통창을 달고 거실과
바닥이 이어진 우드데크를
시공했다. 시선이 밖으로 향해
실내가 넓게 느껴진다.

→ 특별 주문한 가구와
붙박이 수납 덕분에 통일감이
느껴지는 인테리어.
전체적으로 나무의 색감을
그대로 사용했다.

← 긴 진입로가 인상적이다.
외관은 실내의 내추럴한
분위기에 맞추어 흰색과
다크브라운으로 마무리했다.

27 같은 면적일 때 시공비를 줄일 수 있는 구조

1층과 2층의 바닥 면적이 거의 같은 건물이 전체 2층집이고, 1층의
바닥면적보다 2층을 작게 한 건물이 부분 2층집이다. 둘의 연면적이
똑같다고 가정한다면 전체 2층집이 건축비가 더 싸다. 부분 2층집은
건평이 넓고 기초공사나 코너 처리가 늘어나기 때문에 상대적으로
재료비나 공사비가 더 비싸다.

예시 1
세로로 긴 대지를 살린 2층 집으로 다락까지 낭비 없이

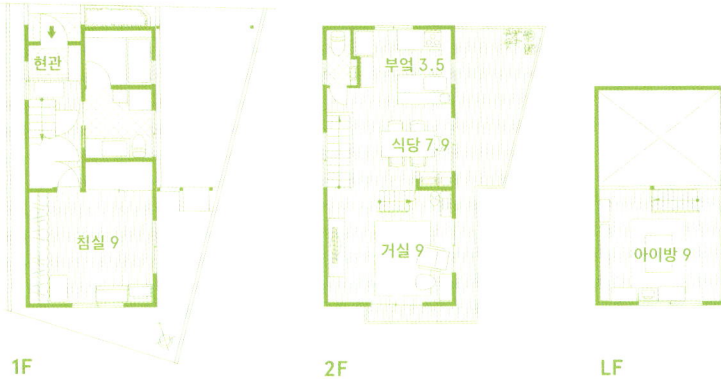

현관
침실 9
1F

부엌 3.5
식당 7.9
거실 9
2F

아이방 9
LF

가족 구성	부부 + 아이 3명
대지면적	70.03m² (21.49평)
건축면적	35.40m² (10.71평)
연면적	70.01m² (21.18평)
	1F 34.61m² + 2F 35.40m²
구조·공법	목조 2층 (목조 기둥보구조)
공사기간	6개월
건물공사비	약 1,750만 엔
3.3m²단가	약 83만 엔

도심의 주택지에 신축. 예산이 넉넉지 않아 집의 외부 형태는 심플한
박스형이 되었지만, 2층 동쪽에 넓은 데크를 설치하여 동선에
다양성을 주었다. 또 내부 설비의 일부를 옛집에서 사용하던 그대로
재설치하고 저렴한 내부 마감재를 선택해 비용을 절감했다.

←
하얀 시멘트사이딩으로
외부 마감.

→ LDK를 일렬로 늘어놓은
2층 평면. 계단을 올라가면
보이드를 사이에 두고
아이방이 있다. 아래층에서도
아이의 기척을 알 수 있다.

예시 2
2층은 심플하게 1층은 벽을 많이 세운 전체 2층집

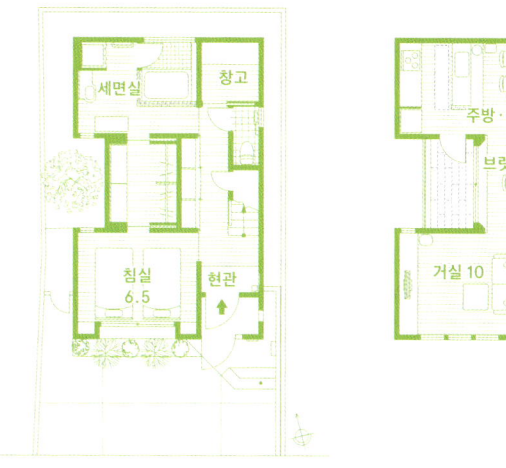

1F   2F

가족 구성	부부
대지면적	93.65m² (28.33평)
건축면적	44.33m² (13.41평)
연면적	82.77m² (25.04평)
	1F 43.87m² + 2F 38.90m²
구조·공법	목조 2층 (목조 기둥보구조)
공사기간	6개월
건물공사비	약 1,995만 엔
3.3m²단가	약 80만 엔

위아래가 거의 겹쳐지도록 계획되었지만 북쪽과 남쪽의 공간을
가운데서 둘로 나눈 것이 독특하다. 특히 2층은 브릿지를
끼고 거실과 식당 겸 주방을 구분했다. 동선은 이어지면서도
각각의 공간이 적절하게 독립적이어서 가족 구성원의 친밀감과
프라이버시를 동시에 보장할 수 있다.

← 2층 남쪽에 배치한 거실은
채광이 충분하고, 오른쪽에
보이는 브릿지를 통해 식당과
이어진다.

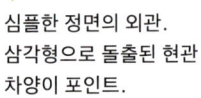

↑
심플한 정면의 외관.
삼각형으로 돌출된 현관
차양이 포인트.

↑
박공지붕에 맞추어 구배가
있는 천장의 식당 겸 주방.
부엌에 상부장을 두지 않아
식당과 일체감이 느껴진다.

28 집의 형태

집의 형태는 심플한 상자형으로 하고 외벽의 표면적을 최소한으로
하면 바탕재, 마감재에 사용되는 재료나 공사의 수고를 줄일 수
있다. 그림을 보면 같은 면적이라도 단순한 형태는 모서리가 적고
복잡한 형태는 모서리가 많아지는 것을 알 수 있다.

　　　면이나 각이 많아지면 그만큼 재료도 늘고 코너
처리도 성가시기 때문에 비용이 늘어난다. 코너용 건축 재료를

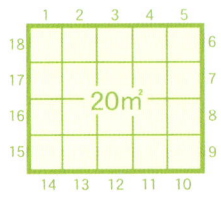

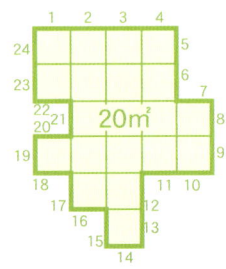

'이형부재'라고 하는데 평평한 면에 사용하는 것에 비해 가격이
비싼 편이다. 또 건물을 간단하게 하면 그만큼 구조적으로도
강해진다는 장점이 있다.

예시
라이프스타일의 변화에 대응할 수 있는 열린 배치

1F   2F

가족 구성	부부
대지면적	123.60m² (37.39평)
건축면적	39.74m² (12.02평)
연면적	76.69m² (23.20평)
	1F 39.43m² + 2F 37.26m²
구조·공법	목조 2층 (목조재래공법)
공사기간	6개월
건물공사비	약 1,890만 엔
3.3m²단가	약 81만 엔

총 예산 2,000만 엔으로 시작한 집짓기. 기본 성능과 관련된
구조에는 제대로 비용을 들이는 대신 건물의 형태는 심플하게
만들어 비용을 절약했다. 배치는 미래의 삶의 변화에 대응할 수
있도록 1층, 2층 모두 칸막이가 적은 열린 평면으로 계획했다.
내장재나 창호는 사용할 공간에 따라 약간씩 가격 차이가 있는
제품을 선택하는 방식으로 비용을 조정했다.

↑
스테인레스 소재의 부엌
설비와 목재 마감재가 기분
좋게 어우러진 부엌. 바닥은
원목 미송.

→
대지의 모양에 맞춰 장방형의
건물을 북쪽으로 붙인 배치.
도로 쪽의 외벽에는
'죠리퍼트(아크릴계 벽
마감재)'로 미장 마감한 목재
창틀을 사용했지만
그밖의 외벽은
갈바륨 동판이나 적당한
알루미늄 창틀을 사용하여
비용을 조정했다.

29　지붕의 형태

지붕 디자인은 박공, 모임, 편경사지붕(외쪽지붕)이 있는데
이중에서 가장 저렴한 것으로 꼽는 것이 단순한 편경사지붕이나
박공지붕이다. 집은 복잡한 디자인일수록 재료가 많이 들고 비용이
올라가는데 지붕의 형태도 마찬가지다. 지붕의 구배가 심하면
시공면적이 늘고 들어가는 재료가 많아지며, 때로는 지붕 비계가
필요할 수 있다.

→
북쪽과 동쪽 모서리가 도로에
면한 건물. 북쪽에서 남쪽으로
비스듬한 경사를 만든
편경사지붕으로 계획했다.
울타리의 안쪽은 데크로
되어 있어 가드닝이나 아이의
놀이터, 아웃도어 다이닝을
즐길 수 있다.

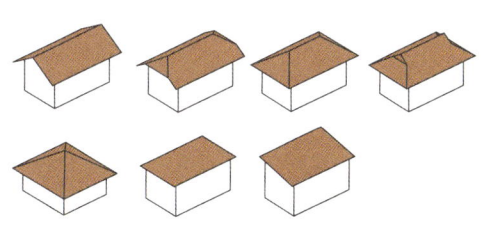

**지붕의 종류
(왼쪽 위부터 시계방향으로)**
박공지붕, 반박공지붕,
모임지붕, 합각지붕,
편경사지붕(외쪽지붕),
평지붕, 방형지붕

←
한 장의 판으로 만든 지붕은
재료비, 인건비도 싸다.
편경사지붕의 형태를 살려
2층은 구배천장으로 여유
있는 공간을 만들고, 남쪽에는
삼각형의 높은 측창을 설치했다.

30   복도 줄이기

현관에서 방, 방에서 방으로 이동할 때만 사용하는 복도는 많이
줄여도 생활에 큰 불편이 없다. 가능한 복도를 없애고 현관에서 직접
방으로 들어가는 평면은 그만큼 바닥면적을 줄일 수 있고 비용도
줄어든다.

예시 1
데크를 둘러싼 L자형 방배치로 복도를 없애고 넓은 공간을 확보

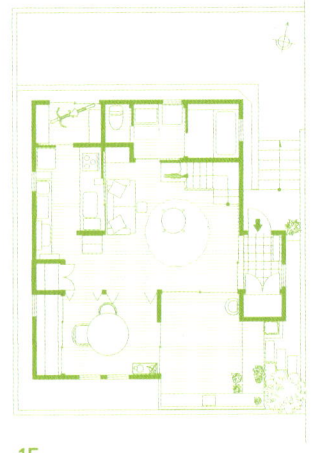

1F

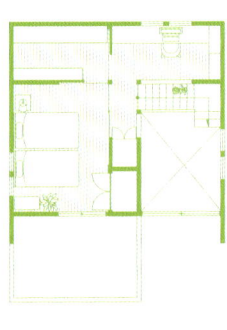

2F

가족 구성	부부
대지면적	120.51m² (36.45평)
건축면적	57.75m² (17.47평)
연면적	87.35m² (26.42평)
	1F 55.27m² + 2F 32.08m²
구조 · 공법	목조 2층 (목조 기둥보구조)
공사기간	5개월
건물공사비	약 1,454만 엔
3.3m²단가	약 55만 엔

현관–복도–방으로 이어지는 동선 일반적인 배치인데, 이 집은
현관문을 열면 바로 거실과 식당이 나오는 배치이다. 2층에도 역시
복도는 없다. 복도를 없애 건물의 볼륨을 줄이고 비용 절감을 꾀한
것이다. 1층 동남쪽 모서리에 데크를 설치하여 시선이 밖으로 향하기
때문에 거실이 좁게 느껴지지 않는다.

↑
계단을 거실로 끌어들여서
공간과 비용을 절약했다.

↑
거실과 부드럽게 이어지는
식당.

↑
현관홀을 생략하고 현관에서
바로 거실로 올라오는 동선.

←
보이드와 계단으로
개방감이 좋은 거실. 바닥은
너도밤나무 원목, 벽은
'오가파자'라고 하는 흡습성이
좋은 친환경 벽지.

예시 2
복도를 없애고 계단을 중심으로 순환하는 배치

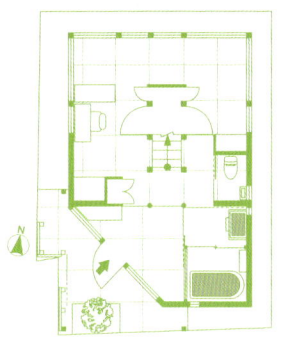

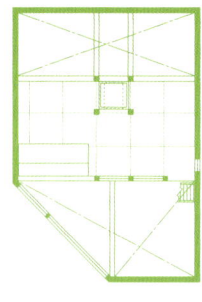

1F   2F   LF

가족 구성	부부 + 아이 1명
대지면적	56.32m² (17.04평)
건축면적	33.20m² (10.04평)
연면적	65.82m² (19.91평)
	1F 32.91m² + 2F 32.91m²
구조·공법	목조 2층 (목조 기둥보구조)
공사기간	7개월
건물공사비	약 1,780만 엔
3.3m²단가	약 89만 엔

'어디에 있어도 가족의 기척을 느낄 수 있는, 아이가 마음껏 놀 수 있는 집'이 꿈이었던 쓰루마키 씨. 설계자로부터 제안 받은 것은 칸막이를 없앤 개방적인 구조였다. 계단을 중심으로 순환하는 평면에서 자녀가 마음껏 뛰어놀 수 있다. 공간을 유용하게 배치해 재료를 절약할 수 있어 예산 내에 해결했다.

↓
가구는 이전 집에서 사용하던
것을 새집에 어울리도록
리폼했다.

→ 1층은 복도를 없앤
자유공간으로 중앙에 계단을
설치했다. 이 계단을 중심으로
동선이 순환한다. 주택
밀집지이기 때문에 높은
측창을 배치해 외부의 시선을
차단한다.

← 남서쪽 코너에 발코니를
설치한 2층 거실 겸
식당. 바닥은 미송 원목.
시너합판으로 마감한 천장과
미송나무 보가 주는 내추럴한
분위기를 만든다.

31 다락

협소주택이라면 입체공간을 활용하자. 높이제한에 여유가 있다면
다락을 추천한다. 최상층 지붕 아랫부분에 방 하나 크기의 다락을
더했다. 덧붙여 다락이 있는 2층집은 구조재의 제약이 없어 3층집에
비해 건축비가 저렴하다.

↓
구배 천장의 지붕 아래
다락을 배치했다. 식당
옆의 계단으로 올라가면
음악감상실로 이어진다.

← 사다리로 올라가는 다락은 아이도 좋아한다. 아이방에 설치한 다락은 놀이터로 손색이 없다. 방은 나중에 2개로 나눌 수 있도록 출입구를 두 군데 설치했는데 통풍조절이 쉬운 미닫이문을 달았다.

← 아이방의 옆에 배치한 침실. 옷장 위를 다락으로 활용했다.

→ 루버를 통해 천창의 빛을 끌어들인다. 열린 부엌의 위로 약 2.5평의 다락을 배치하고 바닥을 루버식으로 만들었다. 천창에서 들어오는 빛이 부엌과 카운터 주변을 기분 좋은 공간으로 만들었다.

← 계절 용품이나 침구 등의
수납을 목적으로 만든 다락은
약 3.5평으로 충분히 넓다.
작은 창을 동쪽과 남쪽으로
설치해 공기의 흐름이
원활하고 장마 때도 안심이다.
.

→ 안정된 분위기의 거실 상부에
다락을 두어 공간에 긴장감을
주었다.

계단 배치

각 공간에 편리하게 접근할 수 있도록 일반적으로 단독주택에서는
2층으로 가는 계단을 현관홀에 배치하는 평면이 흔하다. 하지만
독립형 계단은 벽으로 둘러싸여 있는 만큼 비용이 늘어난다. 거실과
식당의 일부에 계단을 끌어들이면 벽을 만드는 데 들어가는 재료를
절약할 수 있고 공간의 포인트도 된다.

↓
거실 겸 식당에 계단을 두어
상하층의 일체감을 높인 평면.
계단을 둘러싼 높은 측창에서
충분한 빛이 들어온다.

↑
디딤판과 막음판을 목재와
백색강판으로 조합해
산뜻하고 경쾌한 디자인이다.

공간을 압박하지 않는
심플한 디자인의 계단.
상하층을 연결해줄 뿐만
아니라 아랫단은 텔레비전
장식장으로 연결되어 벤치
역할을 대신하기도 한다.

계단을 채광이 좋은 거실에
배치했다. 계단 아래 공간은
수납장으로 활용할 수 있다.

↑
데크가 있는 중정으로 시선이
향하는 L자형 거실 겸 식당의
코너에 나선계단을 배치했다.
빛이 디딤판을 통과해 계단
아래까지 닿는다.

←↑
부엌, 식당, 거실을 원룸으로
한 열린 평면이다. 2층으로
가는 계단을 부엌 옆에
설치하고 계단 아래에 카펫을
깔아 놀이공간으로 활용했다.

63

↑
삼나무 원목을 바닥재로
사용하고 같은 자재로 계단을
만들어 공간이 좀 더 넓게
느껴진다.

33 다다미 시공

33번은 다다미 시공에 관한 내용으로, 한국의 상황에는 적합지 않지만 작은 공간을 특별하게 활용하고자 할 때나 일본스타일의 인테리어를 원할 경우 참고할 만한 내용이기 때문에 삭제하지 않고 내용을 정리하여 싣는다.

기둥, 천장판, 나게시(기둥과 기둥 사이에 수평 또는, 또 안쪽으로 댄 나무), 카모이(윗천장틀) 등으로 구성되는 본격적인 다다미방은 내부 마감재로 칠하지 않은 나무를 사용하는 일이 많고 재료비는 일반 방에 비해 최대 30% 비싸다. 하지만 손님방이나 낮잠용 등 다목적으로 사용할 수 있어 편리하다.

도코노마(일본식 방의 윗목에 바닥을 한층 높여 만든 장식 공간) 등을 만들지 않고, 벽이나 천장을 심플한 현대식 마감으로 하고 미닫이문 대신에 종이(한지)블라인드를 사용하면 저렴한 비용으로도 가능하다. 또 독립된 다다미방으로 하지 말고 미닫이 등으로 칸막이를 만들어 거실에 이어서 사용하는 공간을 계획하면 넓으면서도 요긴하게 공간을 활용할 수 있다. 넓은 거실의 한쪽구석에 다다미 카펫을 깔아 전통공간을 만드는 방법도 좋다.

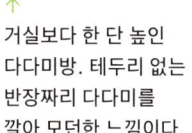
거실보다 한 단 높인
다다미방. 테두리 없는
반장짜리 다다미를
깔아 모던한 느낌이다.
40cm 높이의 판재는
벤치로 사용하는 동시에
수납공간으로도 쓸모있다.

↑
가장자리를 판재로 마감해
다른 공간들과 위화감 없이
이어진다. 너무 깊지 않으면서
벽과 잘 어울리는 상부장이
공간에 깊이를 더한다.

현대식으로 재배치한
도코노마. 창은
한지블라인드로 가리고.
옆으로 긴 측창에 부드러운
간접조명을 달았다.

34 현관홀

현관홀은 외부와 내부를 연결하기 위한 공간이지만 하나의
목적으로만 사용하기엔 아까운 면적이다. 아틀리에나 갤러리,
놀이방으로 활용할 아이디어가 필요하다.

← 자전거를 집 안에 두고
싶어서 현관바닥을 넓게(2평)
확보했다. 자전거의 출입이
쉽도록 현관문은 미닫이로.

오토바이를 좋아하는 부부의
요구로 오토바이 차고를 겸한
현관을 만들었다. 개러지
역할을 하는 큰 수납장도
설치했다.

중정으로 생각하고 만든
계단 아래의 타일바닥. 높은
측창에서 빛이 잘 든다.

서재를 따로 만들기 어려워
현관홀에 가족 모두가 편하게
이용하도록 작은 서가를
만들었다.

35 방의 수 줄이기

방은 양쪽을 벽으로 마감해야 하는 만큼 재료비도 많이 들고 공간도
많이 차지한다. 방을 나누는 벽을 없애면 재료비는 물론 부수적인
문, 조명, 콘센트 등의 설치비도 함께 절감할 수 있다. 넓은 방을
만들어 가구나 파티션으로 나누는 방식을 고민해보자.

예시 1
집 전체를 연결하는 칸막이 없는 공간

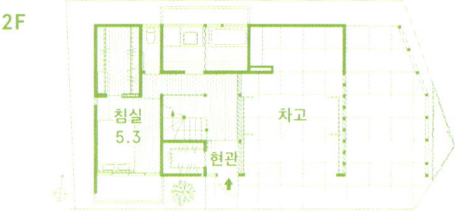

가족 구성	부부 + 아이 2명
대지면적	124.35m² (37.62평)
건축면적	62.06m² (18.77평)
연면적	122.56m² (37.07평)
	1F 60.50m² + 2F 62.06m²
구조·공법	목조 2층 (목조 기둥보구조·일부 철골조)
공사기간	5개월
건물공사비	2,050만 엔
3.3m²단가	약 55만 엔

독립된 방은 1층의 침실뿐, 2층은 칸막이가 없는 원룸스타일이다.
부엌을 중심으로 아이방—계단 주변—LDK—데크로 이어지는
순환하는 동선은 실제 이상으로 넓게 느껴지고 동선에 낭비가 없어
집안일에 드는 시간이 크게 단축된다.

↑
마당 데크부터 거실까지
공간이 하나로 이어져 충분한
공간을 확보했다.

→ 벽 대신 계단의 난간으로
부엌과 아이방을 구분한 2층.

69

예시 2
어디에서든 가족의 기척을 느낄 수 있는 원룸 플랜

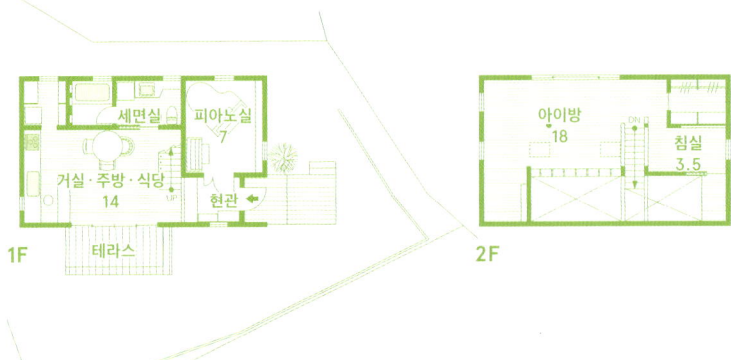

가족 구성	부부 + 아이 2명
대지면적	203.22m² (61.47평)
건축면적	52.17m² (15.78평)
연면적	90.67m² (27.43평)
	1F 50.51m²+2F 40.16m²
구조·공법	목조 2층 (목조 기둥보구조)
공사기간	7개월
건물공사비	2,200만 엔
3.3m²단가	약 80만 엔
설계	아키노 설계실 일급건축사사무소

칸막이가 없는 LDK와 2층을 보이드로 연결한, 집 전체가 하나의
커다란 덩어리와 같은 개방적인 집이다. 천장의 다이내믹한 높이
차가 공간에 변화를 주고 LDK를 시작으로 집 안 모든 공간이 밝고
여유로운 인상이다.

←
계단을 끼고 2층의 아이방과
침실이 이어진다.

→
1층의 가족공간과 2층이
보이드로 연결되어 좁아도
개방감이 느껴진다.

내장재
MATERIAL

바닥재나 타일, 벽지나 회벽, 규조토 등 실내공간에 사용하는 소재로
인테리어의 기본이 되는 요소.

36 바닥재부터 정한다

실내에서 가장 넓은 면적을 차지하고 전체적인 인상을 좌우하는
부분이 벽과 천장, 바닥이다. 특히 바닥은 한번 시공하면 떼어내
다시 붙이기 어렵고 덧붙이면 창호의 높이가 맞지 않는 등 간단하게
리폼하기 어렵기 때문에 신중을 기해야 한다. 또 벽면에 비해 공사의
규모도 커서 재시공할 때 감수해야 할 비용도 만만치 않다. 때문에
내장재 가운데서 가장 먼저 바닥재를 신중하게 검토하여 질리지
않는 색과 소재를 결정한 다음 벽면과 실내의 나머지 부분을 고르는
것이 좋다.

바닥을 선택할 때 중요한 점은 질감과 색상 등 인테리어적
특성, 사용 빈도에 따른 내구성, 유지 관리의 편리성, 이렇게 세
가지이다. 바닥재를 밝은 색으로 하면 공간은 넓어 보이지만,
벽보다는 짙은 색을 선택해야 안정감을 준다.

물 쓰는 곳 이외의 바닥재는 통일하는 것이 대부분인데
비용을 줄이기 위해서는 거실이나 식당의 어느 한 층은 수준이 높은
것으로, 다른 층은 적절하게 저렴한 것으로 선택하는 것도 방법이다.
현관 바닥에는 대부분 내구성이 높은 타일을 사용하는데 복도나
홀도 같은 재료로 시공하면 공간이 넓어 보인다. 물 쓰는 곳의
바닥은 수분에 강하고 미끄럽지 않은 것이 중요하다.

실내공간별 내장재 선택 가이드

방	벽재(위), 바닥재(아래)	선택 포인트
거실, 식당	벽지, 미장·뿜칠재, 목질계	삶의 중심이 되는 공간이기 때문에 집중적으로 비용을 들이는 것이 좋다. 취향을 반영하면서도 편안함을 주는 색이나 소재를 선택하자.
	원목재, 카펫, 천연섬유, 코르크, 리놀륨	보통 원목재를 이용하지만, 유아나 애완동물이 있는 가정에는 소음을 차단하고 안전성을 확보하기 위해 손질이 쉬운 코르크나 리놀륨을 추천한다.
침실, 아이방	벽지, 목질계	침실은 숙면을 취할 수 있는 색이나 소재로. 아이방은 연령과 취향에 맞추어. 결로가 발생하기 쉬운 북쪽 방은 습도를 조절하는 기능이 있는 소재를 선택하면 좋다.
	원목재, 카펫, 코르크	2층이라면 방음성능이 좋은 원목재를 추천한다. 카펫이나 코르크도 흡음성과 보습성, 보행감이 좋다.
일본식 방 (다다미 방)	벽지, 미장·뿜칠재, 목질계	'황토벽' 등의 미장벽 이외에 도장벽, 한지 벽지가 일반적. 거실의 구석이라면 같은 벽지로 통일해도 잘 어울린다.
	다다미	최근에는 다다미의 돗자리 부분과 테두리에 빛깔과 무늬를 다양하게 고를 수 있다. 류큐다다미는 다소 고가이지만 모던한 분위기로 인기.
부엌	벽지, 타일, 미장·뿜칠재, 석재	싱크나 가스레인지 주변은 내수·내화성, 청소성이 좋은 타일이나 스테인리스 등이 일반적. 규조토나 벽돌도 좋다.
	코르크, 리놀륨, 쿠션플로어, 플라스틱 타일	내수성과 청소성, 보행감이 좋은 것으로. 세련된 타일은 딱딱하고 겨울에는 차갑지만 바닥 난방에는 적합하다.
세면실, 화장실	석재, 타일	내수성이 강하고 닦아내기 쉬운 것으로.
	타일, 석재, 천연섬유, 쿠션플로어, 플라스틱 타일	물이나 세제가 묻기 쉽기 때문에 내수성과 내약품성이 있고 청소하기 쉬운 것이 가장 좋다.
현관, 홀	벽지, 미장·뿜칠재, 석재, 타일, 목질계	가족과 손님을 맞는 장소이기 때문에 고급스러움과 개성을 중시한다.
	타일, 석재	흙이 묻은 발로 사용하는 현관바닥은 더러움이 눈에 띄지 않고 씻어내기 쉬운 소재로. 현관과 현관 바닥, 홀을 같은 타일로 통일하면 넓어 보인다.

37 자연소재와 신소재

내장재는 크게 자연소재와 신소재로 나뉜다. 원목이나 회벽, 규조토 벽재 등이 대표적인 자연소재 내장재이다. 한편 신소재는 비닐 벽지나 복합플로링 등이다. 대량생산이 가능하고 공기를 줄이면서 비용 절약에 유리한 신소재는 손질이 편리하다는 장점도 있다.

최근에는 시간이 지날수록 광택이 깊고 자연스럽게 긁힘이 느껴지는 자연소재를 선호하는 사람도 많다. 신소재는 처음의 아름다움을 비교적 오래 유지할 수 있지만 어느 정도 시간이 흐르면 신품과 비교해 몹시 낡아 보이고 성능이 떨어질 수 있다. 5~10년 내에 내장을 바꿀 생각이라면 비용이 저렴한 쪽을 선택하자.

자연소재와 신소재는 일장일단이 있다. 예를 들어 아이가 어린 경우 벽을 비닐 벽지나 도장으로 하면 리폼하기 쉽기 때문에 낙서를 해도 걱정할 필요가 없다. 이런 가정이라면 거실과 식당만 분위기가 있는 규조토로 마감하는 것도 방법이다.

리폼하기 어려운 바닥재는 장기적인 안목으로 고르자. 긁히는 것도 괜찮다면 원목재로, 긁힘이나 손질이 신경 쓰인다면 우레탄 도장을 한 복합플로링을 추천한다.

38 인테리어의 일관성

벽이나 바닥 등 시공 단계에서 정하는 요소들도 무척 중요하지만, 선반이나 부엌 조리대, 카운터의 목재 부분, 실내의 문과 수납장 문 등도 집의 인상을 결정하는 중요한 요소들이다. 특히 인테리어를 완성하는 것은 준공 후 가구나 커튼, 조명기구 등이기 때문에 건축주의 취향을 확실히 정하고 전체적인 물건을 선택하는 것이 무엇보다 중요하다. 이 개별 요소와 기기들의 색상과 디자인, 재질 등이 집의 인상을 완성한다. 따라서 설계 단계에서 내장재나 실내문 등을 정할 때는 어떤 가구를 들여놓을지, 어떤 소파와 커튼을 달지 설계자와 상의하는 것이 좋다. 또 새로운 물건을 구입할 때 개별적으로 선택하지 말고 몇 가지 선택지를 만들어 전문가와 상의하면 보다 통일감 있는 인테리어를 연출할 수 있다. 각각의 숍에서 고른 수납 용품들을 한 집으로 갖고 오면 어울리지 않는 경우가 많기 때문이다.

우선 잡지나 모델하우스, 숍 등을 둘러보고 내추럴, 모던,

클래식, 레트로 등 자신이 좋아하는 취향을 선택하고 개략적으로 우리 집의 설계와 어울리는지 그려보자.

추구하는 스타일을 메모하는 방법도 좋다. 예를 들어, '포근한 느낌', '카페풍'과 같은 전체의 인상이나 '어스컬러', '모노톤' 등 원하는 색을 메모하는 것도 좋다. 구체적인 키워드를 정리해두면 소재나 부재를 선택할 때에 실마리가 되고 실패 확률도 낮아진다.

다음 단계로 문과 하드웨어 등 건축 부분의 디테일을 정한다. 심플하고 모던한 것이 어울리는지 내추럴한 느낌을 강조하고 싶은지 내장 전체의 균형을 고려하자.

주의해야 할 점은 목재와 부품의 색 사용이다. 바닥과 걸레받이, 문의 색깔이 미묘하게 다르다거나 문의 손잡이와 경첩의 색이 다르면 눈에 거슬릴 수 있다. 목재 부분은 가능한 같은 재질과 색으로 통일하며, 아주 작은 금속 부품도 실버 계통인지 골드 계통인지 꼼꼼히 체크하여 같은 계통으로 맞추자.

39 가구의 쓰임새

내장재로 인테리어의 디테일을 살리려면 비용이 많이 든다. 내장은 되도록 단순하고 기본적인 수준으로 정해야 비용도 낮출 수 있고 유지 관리도 편리하다. 붙박이가구나 툇마루 등 인테리어 장식은 전체 비용을 증가시키고, 가까운 미래에 취향이 바뀐다면 변화를 주기도 어렵다. 인테리어의 최종 연출은 내장재가 아니라 커튼이나 가구, 잡화를 통해 하나씩 완성해나가자. 모든 사람이 받아들이기 쉬운 심플한 내장이 나중에 집을 매매할 때도 유리하다는 점을 잊지 말자.

40 오래 견디는 자연소재

건물에 사용되는 재료에는 나무나 돌, 타일, 스틸 등의 자연소재와 플라스틱 등의 석유화학재품, 폴리우레탄 등을 원료로 한 화학합성품이 있다. 가격이 낮은 화학합성품 건축 재료는 장기간 사용 시 자연소재에 비해 더러움이 쉽게 눈에 띄고 색감이 우러나는 느낌도 없다.

내장의 대부분을 차지하는 벽재나 바닥재는 특히 직접 접촉할 때의 느낌에 신경 써야 한다. 긴 안목으로 보면, 질리기 쉬운 소재보다는 세월이 지날수록 표정을 즐기면서 오감에 친숙한 자연소재가 결과적으로 낮은 가격이라고 할 수 있다.

예시 1
50년 이상을 견디는 소재

전통적인 양식을 현대풍으로 바꾸어 남유럽스타일의 집을 지었다. 관리를 잘하면 내·외장재 모두 50년을 넘길 수 있다고 한다.

↑
원목 미송 바닥은 아마인유를
원료로 한 도료로 마감했다.

→
리스(Wreath)를 만드는
부인의 아틀리에는 응접실로
사용하기도 한다.

↑
외국의 인테리어 책을 보고
콘셉트를 정한 1층 거실.
로이드룸(Lloyd Loom)
의자, 철제 조명, 미송
찬장 등으로 유럽 분위기를
연출했다. 벽면은 회벽 느낌의
도료로 마감했다.

→
2층 파우더 룸에 설치한
미니 부엌. 커피나 토스트 등
간단한 식사를 해결하는 데
유용하다. 습도조절 기능이
있는 친환경 벽지를 사용.

예시 2
내부 마감을 직접 시공하다

오렌지색의 기와지붕과 회벽이 인상적인 전원풍 주택이다. 가급적
자연의 느낌을 살리고자 했던 부부는 현관과 바닥재를 시작으로
내장재의 대부분을 자연소재로 마감했다. 내부 벽의 규조토
마감시공은 건축주 부부가 직접 했다.

↓
**규조토 도장 마감으로
부드러운 빛이 비치는 거실.
창틀은 전부 목재이다.**

↑ →
대부분의 내부 벽은 규조토 마감으로 부부가 며칠간 직접 작업해 비용을 절약했다.

↓
하부 수납장의 카운터는 대리석, 벽면은 벽돌을 선택했다.

↑
1층 중앙에 싱크 일체형 아일랜드 식탁을 배치했다. 가족이 모이거나 손님을 접대하는 곳도 주로 식당이다.

←
가족용 현관과는 별개로
손님용 현관도 두었다.

←
기계로 대리석 모서리를
부드럽게 가공한 파인 텀블
스톤(Fine Tumble Stone:
천연석 타일)을 현관 바닥에
붙였다. 제각기 미묘하게 다른
색이 소박한 인상을 준다.

41 마감재의 종류 줄이기

벽, 천장, 바닥 마감을 방별로 다르게 하지 말고 가능한 한 같은 것을
사용하면 비용을 절약할 수 있다. 마감재의 종류가 많고 공간별로
시공 절차가 까다로우면 그만큼 많은 작업자가 필요하고 작업의
분량도 늘고 공사기간도 길어진다.

↑
공용공간인 현관과 LDK 벽은
시너합판에 하얀 수성페인트.

↑
그 외의 침실과 아이방,
서재는 같은 색깔의 비교적
저렴한 벽지를 사용했다.

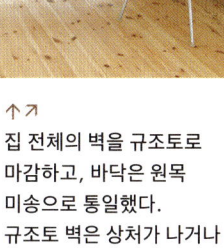

집 전체의 벽을 규조토로
마감하고, 바닥은 원목
미송으로 통일했다.
규조토 벽은 상처가 나거나
오염되어도 겹쳐 바르면

되기 때문에 유지관리
비용도 절약할 수 있다.
천장에 구조목을 노출해
역동적이면서도 내추럴한
느낌을 더했다.

42 벽지 마감

색과 무늬가 단순하고 범용성이 있으면서, 대량생산으로 가격을
낮춘 제품을 마감재로 선택하자. 최근에는 값비싼 대기업 제품이
아니더라도, 인터넷이나 인테리어숍들을 조사하면 믿을 수 있는
중소기업에서 만든 저렴하면서도 좋은 품질의 벽지나 페인트 등을
찾을 수 있다.

← 35m^2(10.5평)가 채 안 되는
바닥면적인데 벽과 천장을
하얗게 통일했다. 저렴하고
인기가 좋은 기성품 비닐벽지
중에서 선택했다.

→ 칸막이벽을 줄이고 바닥은
왁스를 칠한 DIY로, 벽은
합리적인 가격의 벽지를
붙였다.

← 벽 일부분에 클래식한 무늬가
살짝 인쇄된 벽지를 사용했다.
프랑스제 고가 벽지지만 좁은
범위라면 전체 비용에 그다지
영향을 미치지 않는다.

→ 벽지는 광택 유무에 따라서도
다른 느낌을 준다. 광택이
없는 매트한 벽지는 안정된
분위기를 연출해준다.

43　페인트 마감

벽이나 천장을 페인트 마감할 경우 금이 가는 것을 방지하기 위해
이중으로 칠해 마감한다. 페인트 마감이 벽지보다 비싼 이유는
바탕을 만든 다음 마감을 칠하는 두 차례의 과정을 거치기 때문이다.
하지만 페인트는 몇 번이고 겹쳐 칠할 수 있어서 손쉽게 리모델링이
가능하다는 장점도 있다. 오랜 세월 편리하게 유지 관리를 할 수
있다는 측면에서 보면 비용이 낮다고 볼 수도 있다.

↓ ↘ →
방별로 벽의 색을 바꾼 집.
3층까지 반층씩 올라가는
스킵플로어를 사용한 주택.
남편의 작업실, 아이방,
침실을 각각 다르게 칠했다.

← ↑
지은 지 40년이 지난 오래된
주택을 어두운 색과 밝은
색을 적절하게 사용해
산뜻하게 변신시켰다.

44 고급 마감재 사용하기

재료의 종류를 극단적으로 줄여 너무 단조롭다면 여러 기능을 갖춘 디자인 벽지나 수입 벽지를 부분적으로 사용하면 좋다. 전체 비용에 부담을 주지 않는 범위에서 이상적인 인테리어를 즐길 수 있다.

←↓
고급스럽고 독특한 벽지를 부분적으로 사용했다.

↑ ↗
스웨덴의 '데코매종'(왼쪽),
핀란드의 '마리메코'(오른쪽)
벽지로 벽의 부분을 장식했다.

45   회벽, 규조토 등 고급 미장 마감

벽 마감은 벽지, 페인트, 회벽이나 규조토 등 질감과 기능을 겸비한
고급 미장 마감이 일반적이다. 경우에 따라 두 종류의 마감을
조합하는 방법도 좋다. 비용은 벽지 → 페인트 → 고급 미장 마감
순으로 비싸진다.

←↑
따뜻한 느낌의 회벽 마감.
비용이 높아 LDK에만
시공했다. 침실은 비교적
저렴한 비닐벽지 마감.

→
부엌 벽면의 일부만
규조토 마감하고 다른 곳은
저렴한 하얀 페인트로
마감했다.

46　고급 벽지

소재는 일반 비닐벽지와 똑같지만 번들거리는 느낌이 아닌,
페인트나 미장과 흡사한 무광의 벽지 종류가 있다. 일반
비닐합지보다는 조금 비싸지만 고급스러운 분위기를 연출할 수
있다.

↓
도장으로 마감하고 싶었던
벽을 벽지로 대신하고 원목
바닥재에 좀 더 비용을
들였다.

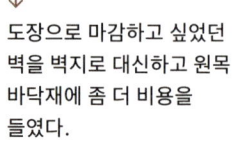

↓
벽과 천장에 페인트 느낌과
매우 비슷한 벽지를 사용.

←
규조토 미장 대신 규조토
벽지를 사용했다.

47 원목 바닥재의 종류

바닥재로 쓸 수 있는 원목재의 종류는 크게는 활엽수계와
침엽수계로 나뉜다. 오크, 메이플, 장미목, 월넛, 티크, 자작나무는
활엽수로, 목질이 딱딱하고 휨이나 수축이 적어 가격이 비싸다.
한편, 미송, 삼나무, 편백은 침엽수로 부드럽고 감촉이 좋아서 인기
있는 수종이다. 활엽수에 비해 상대적으로 가격이 낮다.

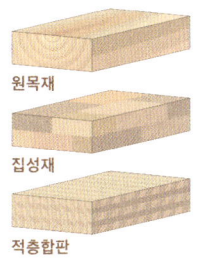

원목재

집성재

적층합판

원목과 합판의 차이

원목재란 벌채한 통나무를 판재나 각재로 가공한 목재. 단면에
나이테가 보이고 곧은 결에 이음매로 구분할 수 있다. 나무는
벌채 후에도 공기 중의 수분을 흡수하고 배출하는 성질이
있어서 어느 정도 건조시킨 후 사용한다. 비슷한 것으로
집성재가 있다. 집성재는 얇은 각재를 섬유방향으로 합쳐서
접착한 목제품으로 비틀림과 휘어짐이 적은 것이 큰 특징이다.
적층합판은 목재를 얇게 저며 여러 겹을 겹쳐 접착제로 붙인
제품이다.

← 비교적 저렴한 미송(소나무)
바닥재. 자연스러운 옹이가
많고 감촉이 좋다.

→ 딱딱하고 내구성이 좋은 오크 바닥재. 선명하고 독특한 나뭇결은 시간이 지날수록 윤기가 난다.

← 가구 제작에도 많이 쓰이는 메이플 바닥재.

→ 나뭇결과 광택이 아름다운 장미목 바닥재. 꽤 고가이고 오래 쓸수록 광택과 결이 살아난다.

← 자작나무는 고급스럽고
내추럴한 톤이 특징이다.

↓ 호화 여객선의 갑판이나
내장재로 사용되는 티크는
내구성, 내수성이 뛰어나다.
고상한 질감이 규조토를 바른
하얀 벽과 어울린다.

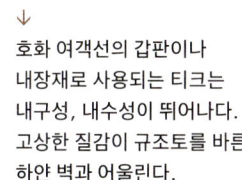

↑ 월넛은 부드러우면서도
견고한 느낌이다. 어두운
톤이기 때문에 인테리어
분위기를 특히 고려해야 한다.

91

48　유니(UNI) 타입 원목

별도로 가공하지 않는 원목재는 종류를 불문하고 값이 비싸다.
비용을 줄이려면 유니(UNI)타입이나 폭이 좁은 목재를 사용한다.
UNI(유니)란 'UNITED'의 줄임말로 길이가 짧은 원목재를
182cm 길이로 종방향으로 이어붙인 것으로 한 장의 가격과
비교하면 20~30% 저렴하다. 또 폭이 좁은 원목재도 광폭보다
비교적 싸게 유통된다.

↑→
공용 공간은 광폭의 소나무를,
사적인 공간(→)은 폭이
좁은 타입을 선택해 비용을
절약했다.

오크재 유니타입을 선택해
모자이크 모양의 나뭇결과
색의 조합이 정취를 더한다.

49   직구 조사하기

건축재료는 시공사가 대리점을 통해 구입하는 것이 일반적인데,
수입사나 제조사에서 직접 사면 싸게 살 수 있는 품목도 있다.
시공사에 따라서 싸게 들어오는 독자적인 루트를 가지고 있는
경우도 있기 때문에 견적을 낼 때 직접 구입할 수 있는지 업체에
묻고, 상담해보자.

←
건축주가 직접 가공업체를
통해 원목 삼나무를 시중
유통가보다 저렴하게
구입했다.

50 옹이가 많은 목재

옹이가 많은 목재는 보기에 좋지 않고 뒤틀리기 쉽고, 옹이가 빠져
구멍이 뚫릴 수 있다는 이유로 좀 더 싸게 유통된다. 옹이가 신경
쓰인다면 눈에 띄지 않는 장소에 사용하면 된다.

←
직접 손이 닿지 않는
천장에 옹이가 많아 저렴한
삼나무재를 사용했다.

51 구조재를 마감재로 사용하기

내장 마감의 일부에 목재를 넣는 방법이 인기가 높다. 마감재로
사용되는 원목재는 가격도 그만큼 비싸다. 한편, 벽이나 바닥의
바탕에 사용하는 구조재는 겉으로 보이지 않기 때문에 표면은
거칠지만 가격은 싸다. 까슬까슬한 질감이 크게 거슬리지 않는다면
구조재를 마감재로 사용하자. 페인트나 오일스테인으로 마감하면
독특한 느낌이나 내추럴한 분위기를 즐길 수 있다. 특히 2×4공법에
사용하는 구조재는 견고하면서도 휘어짐이 적고 가격도 저렴해
인테리어에 곧잘 활용된다.

↑→
부엌과 거실의 천장에
구조재를 사용했다. 하얀
페인트를 닦아내듯 칠하면
나뭇결도 자연스럽게
살아난다. 아파트가 단독주택
같은 분위기로 바뀌었다.

↑→
1층과 2층의 천장에 사용한
OSB 합판은 다른 마감재에
비해 무척 저렴하다.

목조주택의 구조재에는 80~90% 목재를 사용
구조재란 건축물의 기둥이나 보와 같은 골조, 바닥,
벽, 천장의 바탕재에 사용되는 건축재료를 말한다.
철골조의 경우는 철골, RC조의 경우는 콘크리트가
사용되고 목조기둥보구조나 2×4공법과 같은
목조건축의 경우는 주로 목재가 사용된다. 또한
구조체에 사용되는 목재의 치수는 내구성과 내진성을
고려하여 법적으로 정해져 있고, 설계할 때 엄격하게
구조를 계산해서 배치하게 된다. 비용을 절감하기
위해 구조재를 줄이거나 얇게 하면 불법 건축물이 되고
안전도 담보할 수 없다.

52 붙박이 가구는 집성재로

창틀, 카운터, 좁은 벽과 같은 붙박이 구조물을 저렴한 구조용
집성재로 제작하고 그 위에 도료를 바르는 것도 시공비를 절약하는
한 가지 방법. 눈에 잘 보이지 않는 부분까지 비싼 원목재를 사용할
필요는 없다. 집성재는 시공사를 통해 쉽게 구입할 수 있고, 공사
현장에서 바로 재단·제작할 수도 있다.

← 작은 선반 위에는 자주 쓰는
컵이나 조미료를 수납. 구조용
집성재로 제작하고 내구성이
좋은 도료로 마감했다.

53 천차만별 다다미방

볏짚으로만 만든 다다미는 가격이 비싸고, 현대적인 단독주택의
분위기와 잘 어울리지 않기 때문에 가급적이면 피하는 것이 좋다.
대신 테두리가 있는 다다미나 한지 다다미가 주목을 받고 있다. 반
장짜리도 테두리가 없을 경우 비용이 더 든다.

← 천장은 품질이 우수한 니시카와스기 산 목재. 다다미 테두리의 은은한 선이 방에 안정감을 더한다.

54 석재 대신 타일

자연스러운 결이 살아 있는 천연석 마감재는 최고급 내장재. 하지만 주문자가 필요한 사이즈로 맞춤 제작해야 하기 때문에 가격이 만만치 않다. 그렇기 때문에 보통의 경우 30~40cm 크기로 가공한 타일을 사용한다. 타일은 규격에 맞춰 대량으로 제작되기 때문에 천연석보다 저렴하게 구입할 수 있다.

→ 진입로에 깐 정판암 타일이 집의 첫인상을 고급스럽게 연출했다.

55 　직접 하는 간단한 도장

도장을 하지 않은 원목 바닥재는 현장에서 왁스나 오일을 먹이는
것이 일반적이다. 왁스나 오일 칠은 초보자도 충분히 시도할 수
있다. 비용도 절약할 수 있고, 자녀들과 함께 하면 추억을 공유할
수 있으니 일석이조. 직접 몸에 닿는 부분이기 때문에 가능하면
천연소재를 선택하자.

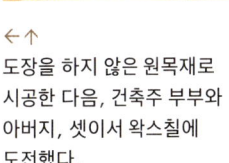

←↑
도장을 하지 않은 원목재로
시공한 다음, 건축주 부부와
아버지, 셋이서 왁스칠에
도전했다.

← 가공하지 않은 삼나무 원목을
선택, 건축주가 직접 왁스칠한
바닥은 따뜻하고 걸을 때
촉감도 좋다.

→ 적갈색의 농담이 살아 있는
모과나무 원목 바닥. 가족이
함께 왁스칠한 시간은 즐거운
추억이 되었다.

마감에 사용하는 오일과 왁스의 차이
오일은 목재 표면의 질감을 돋보이게 하고, 내부까지
스며들어 강도도 보강한다. 칠한 다음에는 본래의
색보다 짙어진다. 납을 원료로 하는 왁스는 표면에
얇은 막을 형성하여 목재에 상처가 나는 것을
막아준다. 본연의 색이나 느낌은 변하지 않기 때문에
밝은 색상의 목재를 그대로 유지하고 싶은 경우에 잘
맞는다. 둘 다 특수한 기술이나 도구가 필요하지 않기
때문에 설치 및 보수가 쉽다.

56 부분 DIY

페인트나 회벽, 규조토로 직접 내부를 마감하는 DIY 인구가 꾸준히
늘고 있는 추세다. 하지만 재료 및 도구 준비부터 시공까지 직접
하기에는 시간적으로나 체력적으로나 부담스러운 것이 사실. 이럴
경우 양생이나 바탕의 처리는 시공자에게 맡기고, 마무리 칠만 직접
해볼 수도 있다. 직접 칠한 만큼 비용은 절약된다.

←↑
비용도 절약하고 벽의 거친
느낌도 살리고 싶던 건축주는
거실과 식당의 회벽 칠에
친구들의 도움을 받기로 했다.
전문 시공자에 비해 시간은
오래 걸렸지만, 작업 내내
웃음이 끊이지 않았다.

57 모자이크 타일

1~3cm 크기의 모자이크 타일은 유리나 자기, 대리석 등 소재도
다양하고 그만큼 색상도 풍부하다. 물을 사용하는 욕실이나
주방뿐 아니라, 거실과 식당 벽의 포인트로 사용하면 카페스타일
인테리어를 즐길 수 있다. 게다가 시중에 보급된 자기 타일은
일반적으로 사용하는 10cm 크기의 타일과 가격 차이 없이 크기만
작은 만큼 어떤 모양으로든 시공할 수 있어서 각광받고 있다.

↑
하얀 모자이크 타일은
깔끔함을 강조한다. 카운터와
벽을 마감한 하얀 모자이크
타일은 때가 타지 않고 관리가
편한 부엌 전용 줄눈을
사용했다.

↑
브라운 색상의 모자이크
타일을 붙인 포인트 월이 원목
바닥과 식탁에 잘 어울려 카페
같은 분위기를 연출하고 그
뒤로 냉장고를 숨기는 역할도
한다.

↑ ↗
브랜드 제품은 고르기 쉽고
설비 시공이 간편한 반면,
개성을 살리기 어려운 단점이
있다. 벽면 한쪽을 직접 고른
육각형의 모자이크 타일로
마무리해 개성을 살렸다.

→
아일랜드 식탁을 모자이크
타일로 마감해 포인트를
살렸다.

↑
컬러풀한 타일은 화장실
공간을 즐겁게 만들고,
청소도 쉽다.

↑
글라스 모자이크 타일을
화장실의 한쪽 벽에 사용해
호화로운 분위기를 냈다.

58 자기질 타일

높은 온도에서 구워내 수분 흡수율이 낮고 강도가 강한 자기질
타일은 물을 쓰는 화장실이나 주방에 적합하고 현관, 외부
마감재로도 사용한다. 초벌구이 후 유약을 입혀 다시 본구이를
하는 시유(施釉) 타일과, 유약을 바르지 않고 마감하는 무유(無釉)
타일로 나뉘는데 무유 타일은 다시 광택 유무에 따라 폴리싱 또는
포세린으로 나뉜다.

← 세면실, 세탁실 바닥을
테라코타 분위기를 담아낸
자기질 무유 타일로
시공했다.

타일 크기를 결정하기

최근 고급 인테리어 소재로 타일이 인기를 끌고 있다. 줄눈이 적고 관리가 쉬워 얼룩이 많이 생기는 욕실 같은 실내의 마감 소재로 적합하다. 이때 타일 크기가 크면 붙여야 하는 면에 맞추어 잘라 버려야 하므로 비용이 늘어난다. 현장에서 시공사를 통해 맞춤 주문도 가능하지만, 예산이 빠듯한 경우라면 5~30cm 크기의 기성품을 추천한다.

↑→
물기가 많은 욕실과 부엌을 5cm, 10cm 크기의 하얀 타일로 마감. 집 전체에 사용되는 타일의 종류와 크기를 통일해 비용을 줄였다.

시공 면적이 넓은 식당과 주방
바닥을 30cm 크기의 타일로
마감했다.

바닥은 30cm 크기의
테라코타 스타일 자기 타일.
세면대 카운터는 하얀
모자이크 타일. 모두 보급형
제품을 선택했다.

60 부엌 구조

부엌은 공간의 독립 정도에 따라 독립형, 반-독립형, 개방형 구조로 구분할 수 있다. 또한 부엌 가구를 어떻게 배치하는지에 따라 6가지 레이아웃 가운데 고를 수 있다. 장단점을 확인하고 거주자의 생활 습관과 사용 빈도에 맞는 구조를 고르자.

독립형 키친은 다른 방과 완전히 독립된 구조로 오로지 요리에만 집중할 수 있고 음식 냄새가 다른 공간으로 새어 나가지 않는 것이 장점이다. 하지만 조리하는 사람이 부엌에 고립되기 쉽다는 단점도 있다.

반-독립형 키친은 부엌과 거실, 식당 사이에 개구부가 있는 벽을 설치하여 적당히 구분한 구조. 부엌에서는 거실과 식당을 볼 수 있지만, 반대쪽에서는 부엌 내부가 잘 보이지 않는다. 어린 아이를 키우는 집에 적합한 구조로, 개구부를 크게 낼수록 개방감은 커지지만 소리나 냄새, 연기가 새어 나가기 때문에 주방 설비 선택에 주의가 필요하다.

개방형 키친은 부엌과 거실, 식당을 구분하지 않는 구조(LDK 일체형). 가족이 함께 음식을 만들거나 대화를 즐길 수 있다. 3가지 용도의 공간을 하나로 합쳤기 때문에 평수가 좁은 구조에 유용하다. 하지만 부엌이 노출된 탓에 정리·수납에 더 신경 써야 하고, 환기에도 세심한 주의가 필요하다.

부엌의 레이아웃은 공간의 크기나 가족 구성원의 성향, 부엌에 서는 사람의 수 등에 따라 결정된다. 사용자가 선호하는 배치나 필요한 공간의 크기를 미리 파악해 설계에 반영하자.

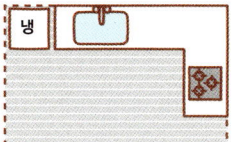

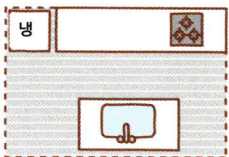

비용이 최우선, I형
싱크, 가열기기, 냉장고를
일렬로 배치한 심플한
레이아웃. 적은 비용으로
콤팩트한 부엌을 만들 수
있다. 부엌이 넓으면 동선이
길어져 효율성이 떨어진다.

동선을 고려한, L형
싱크와 가열기기를
직각으로 배치한 레이아웃.
조리 공간이 넓어지고
동선이 짧아 효율적이다.
하지만 자칫 모서리 부분이
데드스페이스가 될 수
있다. 수납에 대한 고민
필요.

공간이 좁다면, 아일랜드형
일반적인 부엌 가구 가운데
일부 혹은 전부를 떼어내
독립된 테이블로 만드는
레이아웃. 수납공간이나
조리 공간이 부족한 경우
많이 사용된다. 독립된
테이블이 식탁을 대체하는
경우도 많다.

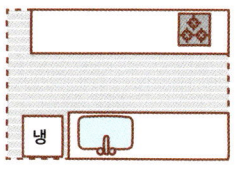

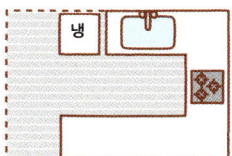

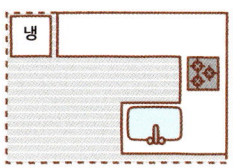

장점을 취합한, II형
싱크와 가열기기를
2열로 배치한 레이아웃.
좁은 공간에서도 수납과
작업공간을 충분히 확보할
수 있다. I형보다 동선이
짧고, 상황에 따라 앞쪽
카운터를 아일랜드형으로
변경할 수 있다.

공간이 넓다면, U형
싱크, 가열기기,
작업공간을 U자 형태로
배치한 레이아웃. 주방이
넓을 경우 수납이나 작업
공간을 충분히 확보할 수
있고 부엌일을 하기도
편리하다. 싱크와 카운터를
마주보게 만드는 경우가
일반적이다.

양쪽 길이가 다른, 반도형
한 쪽 카운터가 반도처럼
돌출된 레이아웃. U형과
비슷하지만 부엌으로
들어오는 부분의 카운터를
짧게 만들어 입출입이 쉽다.

61 부엌의 동선

부엌의 동선은 싱크나 가열기기 등의 위치에 따라 달라진다. 핵심은
작업의 순서와 동선에 따른 주방기기 배치. 부엌일의 일반적인
흐름은 다음과 같다.

부엌일의 흐름
식재를 꺼냄 → 세척 및 손질 → 가열·조리 →
음식을 담기 → 식탁에 옮기기

이 흐름에 주방기기를 맞추어보면 다음과 같은 순서이다.

동선에 맞춘 주방기기 배치
냉장고·식품창고 → 싱크·조리대 →
가열기기·조리기구 → 식기선반·배선대 → 식탁

그러나 주방기기를 단순히 일렬로 배치하면 반드시 문제가
발생한다. 전체 길이가 4m 정도에 불과한 부엌에서 일렬로
움직이기란 불가능에 가깝다. L형이나 U형, 아일랜드형도 검토하여
동선을 줄이고 효율적으로 움직일 수 있도록 계획하자. 물과 음료
등을 꺼내기 쉽도록 냉장고를 식당에 가까이에 배치하는 것도 한
가지 방법이다.

　　　또 다른 팁은, 음식을 만드는 데 필요한 넓은 조리대 확보.
미리 손질한 재료를 두거나 불에서 내린 냄비를 두는 곳, 음식을
담을 접시를 놓을 수 있는 공간을 확보하면 그만큼 동선도 줄고
조리도 수월해진다.

62　급배수 시설 배치

부엌과 욕실, 세탁실 등은 급배수 배관이 필요하기 때문에 가능하면
한 층에 모아두는 것이 좋다. 부엌 옆에 세탁실을 두면 취사와
세탁을 동시에 진행할 수 있어서 동선도 짧아진다. 최근에는 2층에
부엌과 욕실, 세탁실을 배치하는 평면도 늘고 있다. 이 경우 물
흐르는 소리가 수면이나 휴식을 방해하지 않도록 바로 아래에
침실이나 거실을 배치하지 않아야 한다. 층이 다르다 하더라도 같은
평면에 물 쓰는 장소를 배치한다면 배관이 쓸데없이 길어지지 않아
설비비를 절약할 수 있고 물 흐르는 소리가 다른 공간으로 침범하지
않아서 좋다.

63　용도와 사용 빈도

일반적인 경우 욕실이나 세면실, 화장실은 침실이나 아이방 가까운
곳에 배치한다. 최소한 거실 같은 공용 공간을 가로지르지 않는
동선이 포인트. 손님이 잦은 집일 경우 침실이나 아이방 같은 사적

공간을 지나지 않고 거실에서 화장실로 바로 갈 수 있는 세심한 동선 계획이 필요하다. 화장실이 2개 이상이라면 하나는 손님이 사용할 수 있도록 거실 가까이에 배치한다. 이때도 소파에서 출입구가 보이지 않는 배려는 필수.

64 욕실 시공법

욕실을 만드는 방법으로는 현장시공(재래공법)과 시스템(유닛) 방식이 있다. 현장시공은 어떤 위치에든 자유롭게 배치할 수 있고 욕조나 타일도 건축주의 취향에 따라 고를 수 있는 장점이 있다. 시스템방식은 방수성이 뛰어나 2층이나 3층에 배치하기도 좋고 공기가 짧다.

가장 널리 이용되는 욕실의 넓이는 다음과 같다. 1평이 가장 많고 조금 더 넓은 1.25평 타입도 인기가 있다. 공간이 넓지 않더라도 욕조 구석에 돌출창을 달거나 투명유리를 이용해 세면실과 구분하면 밝고 개방적인 공간을 만들 수 있다.

욕실의 표준 넓이

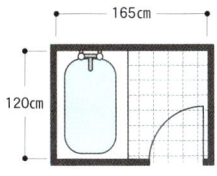

0.75평
수도꼭지를 없애고 샤워기만 벽에 붙이는 타입으로, 길이 120cm(폭은 최대 80cm) 욕조를 사용한다. 공간을 더 넓게 활용하기 위해 욕조 벽판은 수직으로 된 것이 좋다.

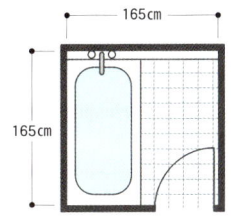

1평
일반적인 넓이. 수도꼭지를 없애고 벽에 붙이면 최대 160cm 욕조가 들어갈 수 있다. 이 경우에도 벽판이 수직인 욕조를 사용하면 공간을 더 넓게 쓸 수 있다.

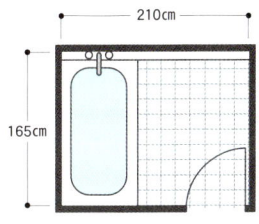

1.25평
길이는 1평 타입과 같지만 폭이 더 넓다. 샤워기만 설치하면 길이 160cm 욕조, 데크 타입으로 하면 길이 140cm 욕조가 들어간다.

65 급배수관 설비비 줄이기

부엌, 세면실, 욕실, 화장실과 같은 물 쓰는 곳을 모으면 급배수관
등의 설비비를 줄일 수 있다. 더불어 급탕기로부터의 거리도
짧아져 가스비는 물론 유지관리 비용도 절감된다. 1층과 2층으로
나누더라도 상하층의 같은 평면에 위치하도록 계획하자.

예시 1
모으면 동선은 짧아진다

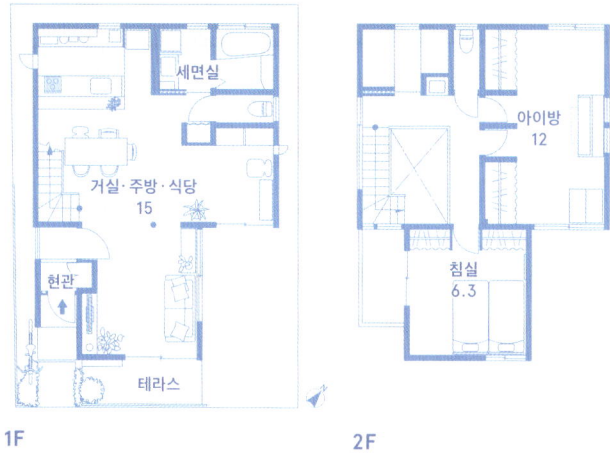

1F   2F

28평 대지 위에 널찍한 거실과 주방, 방을 확보하기 위해 물 쓰는 곳을
1층 북쪽으로 모았다. 2층 화장실도 아래층의 물 쓰는 곳과 겹치도록
북쪽으로 배치했다.

← 하얀 타일과 실험실용 싱크를
조합한 세면대.

← 식당 쪽 상부장을 없애고
벽면에 조리도구 및 장식을
올려놓을 수 있도록 선반을
설치.

↑ 화장실의 기능만 남긴
콤팩트한 공간. 내수성이 있는
회색 플라스틱 타일로 바닥
마감.

← 주방을 붙박이 가구로 마감.

예시 2
부엌 옆에 욕실·세면실을 배치

1F

주방
3

거실·식당
15

현관

2F

아이방
5.5

서재
3

침실
6

테라스

1층, 2층 모두 벽을 최소화하고 공간을 합쳐 넓이를 확보했다. 건물의 북쪽면으로 부엌, 욕실, 화장실, 세탁실을 모아 급배수관의 낭비를 줄였다.

↑
세면실과 욕실을 허리높이까지 오는 벽으로 구분했다.

↑
욕실 전체를 내장 FRP(유리 및 카본 섬유로 강화된 플라스틱계 복합재료) 방수 마감. 목욕을 좋아하는 아이들을 위해 분리·이동이 가능한 욕조로 설치했다.

↑
물탱크 위에 화장실 용품을 수납할 수 있는 선반을 설치해 좁은 공간을 활용했다.

66 부엌과 식당의 결합

공간이 좁다면 식당과 부엌을 합치면 효과적이다. 두 공간을
구분하는 칸막이벽을 설치하지 않아도 되는 만큼 재료·시공비를
아낄 수 있다. 부엌이 바로 보이는 것이 꺼려지면 카운터를 설치해
시선을 차단할 수 있다.

↙

세로로 긴 평면을 고려해 I형
부엌으로 결정. 바로 옆에
식당을 배치하고 중간 벽을
없애 넓은 LDK를 확보했다.

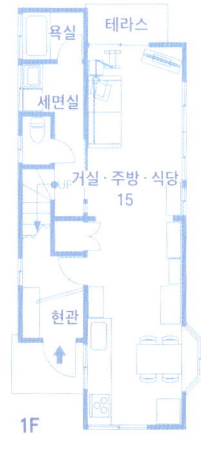

욕실　테라스

세면실

거실·주방·식당
15

현관

1F

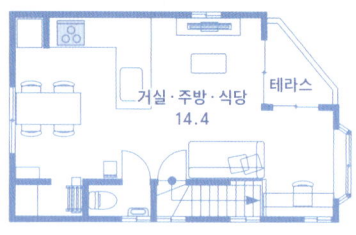

부엌 안에 식당을 만든 평면.

거실·주방·식당
14.4

테라스

1F

67 스테인리스 걸개

부엌이 붙박이인 경우 스테인리스 도구 걸개를 렌지나 싱크 주변에
설치하면 편리하다. 필요할 때 바로 찾을 수 있고 건조·보관도
간편한데, 덤으로 저렴한 설치비에 인테리어 효과까지 얻을 수 있다.

세척 후 바로 걸 수 있도록
싱크 앞에 스테인리스 걸개를
설치했다. 열린 선반과 더불어
편리하고 인테리어 효과도
좋다.

통 레인지 옆 벽면은
데드스페이스가 되기 쉽다.
스테인리스 걸개를 설치하면
국자나 주걱 선반을 대체할 수
있다. 걸개는 '이케아' 제품.

68 스테인리스 카운터 상판

부엌 카운터 상판을 만드는 타일, 인조대리석, 스테인리스 등 다양한
소재 가운데 가장 저렴한 스테인리스. LDK 평면이 유행하면서
차가운 느낌이 나는 스테인리스를 꺼리는 추세이지만 열과 상처에
강하고 잘 오염되지 않는 것이 장점이다.

↑
샌더나 줄을 사용해
표면을 매끄럽게 한 다음
연마해 마감한 헤어라인
스테인리스는 가격이 조금
비싸지만 번쩍거림이 없다.

↓
스테인리스 상판은 저렴한
기성품. 쓰레기통은 싱크대
아래 열린 공간을 활용.

69 　오픈형 수납

오픈형의 장점은 1) 문이 없어서 물건을 넣고 빼기가 편하다.
2) 습기가 고이지 않아 위생적이다. 3) 시중에 판매되는 수납박스를
이용해 맞춤 공간을 연출할 수 있다. 4) 문에 드는 비용을 절약할 수
있다. 커튼을 설치하면 내용물을 감출 수도 있다.

←
목재 카운터에 싱크와
레인지만 설치한 심플한
주방. 카운터 아래는 오픈형
수납으로 마무리했다. 문 대신
커튼을 설치했다.

↑
넓은 U자형의 주방은
주문 제작. 카운터 아래는
오픈형으로 가전제품이나
잡화를 수납. 열린 선반 위에
소품을 장식.

↓
상부장을 없애고 꼭 필요한
설비만 설치했다. 카운터
아래는 오픈형으로, 필요에
맞게 바퀴 달린 수납상자를
조합.

→ 하얀 타일과 도기 세면대로
마감한 세면실. 줄눈은
향균·방습 제품 선택. 오픈형
카운터에 바구니를 배치해
수납 정리.

← 카운터를 L자형으로 만들어
충분한 세면 공간을 확보했다.
타월은 벽면 선반에. 습기가
많은 하부는 문을 없애고
빨랫감이나 잡화, 쓰레기통
수납.

← 화장실과 세면실, 탈의실을
겸한 구조. 오픈형 카운터
아래에 환기를 위해 창을
설치했다.

70 원룸형 위생실

화장실, 세면실, 욕실, 세탁실을 독립시키면 벽, 문, 조명 등이
개별실의 수만큼 필요하다. 하나로 모으면 설비기기, 재료, 공사
비용이 그만큼 줄어든다. 화장실을 상하층 2곳에 만들 경우, 하나는
독립형으로 다른 하나는 원룸형으로 하면 공간을 효과적으로
이용할 수 있다.

← 1층 침실 옆에 배치한
세면실은 침실과 복도
양쪽에서 출입이 가능하도록
출입구를 두 군데 만들었다.
세면대와 수납장, 거울을
목공사 때 마감하면 비용도
절약된다. 원룸형은
1.5평이면 충분하다.

1F

← ↑
카운터는 모자이크 타일,
바닥은 대리석, 벽은 규조토
마감. 수납을 위해 왼쪽 벽에
큰 장을 설치했다.

1F

←
공간 특성에 맞춘 조닝으로
좁고 긴 공간에 맞춰 설비를
일렬로 배치했다.

1F

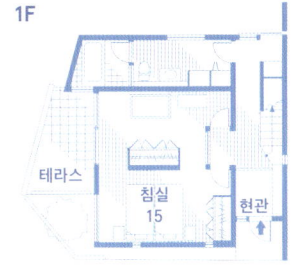

1F

테라스

침실
15

현관

←
나무 바닥을 제외한 모든
공간과 설비를 흰색으로
통일했다. 세면실과 욕실을
유리로 나누고 거울도 큰
사이즈를 달아 더 넓어
보인다.

71 화장실과 세면실

세탁실은 베란다나 부엌으로 점점 이동하는 추세이다. 화장실과
세면실을 각각 따로 만든다면 손 씻는 공간이 필요하지만, 한 곳으로
모으면 생략할 수 있다.

←
큰 개구부를 내 밝고 쾌적한
화장실. 넓은 공간에 화장실과
세면실 기능을 모았다. 거울
뒤로 장을 추가해 자잘한
물건들을 정리수납할 수 있다.

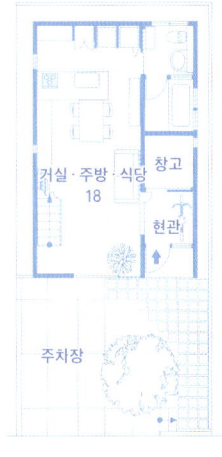

거실·주방·식당
18

창고

현관

주차장

1F

화장대의 기능을 겸한
넓은 화장실. 카운터는 하얀
모자이크 타일, 세면볼은 둥근
디자인을 선택.

1F

2F

아이방과 침실이 있는 2층
화장실은 세면실을 겸한다.
하얀 모자이크로 마감해
세련된 공간을 연출.

2층집이라도 화장실은 1개

2층집의 경우 층마다 화장실을 만드는 것이 일반적이다. 보통 화장실 하나당 30만 엔의 비용이 든다. 규모가 작은 주택이라면 하나로 줄이는 것도 고려해볼 만하다. 화장실이 1개라면 침실이 있는 층에 배치한다.

← 공용공간을 2층으로 모으고 침실과 욕실이 있는 1층에 화장실을 배치했다. 현관이 집 중앙에 있는 구조인데, 바로 옆에 화장실을 배치해 접근이 편하다.

KITCHEN & BATHROOM
주방·욕실

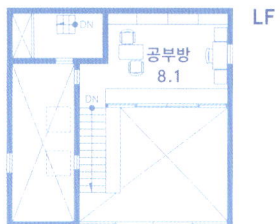

LF

공부방
8.1

2F

주방
4.5

자녀방
7.1

거실·식당
17.1

테라스

1F

현관

침실
6.7

테라스

N

73 탈의실과 욕실 분리하기

공간을 유리로 구분하면 넓어 보인다. 욕실 벽 한쪽에 고창을 내면 빛이 실내 깊이 새어들어 공간 전체가 밝아진다. 유리는 강화유리를 사용해야 안전하다.

← 욕실과 세면실 전체 넓이는 3평에 불과하지만, 투명 유리를 둘러 답답한 느낌을 없앴다.

↓ 3층 북측 사선을 역으로 이용하여 벽 하나를 붙박이창으로 했다. 불투명 유리로 마감해 밝고 쾌적한 공간이 되었다.

→ 작은 욕실에 두 가지 마감재를 사용했다. 흔한 10cm 크기의 타일로 세면실 바닥까지 마감하고, 벽의 일부를 갈바륨 동판으로 마감해 적은 비용으로 인테리어 효과를 냈다.

74 거울 이용하기

좁은 세면실은 얼굴만 보이는 작은 거울을 달기보다는 카운터 벽
전체에 커다란 거울을 다는 게 좋다. 거울 뒤에 수납장을 설치해
자투리 공간까지 활용한다.

→ 발코니 밖에서 빛이 들오는
구조. 한쪽 벽 면을 거울로
시공했다.

↑ 햇살이나 조명에 따라 색상이
변하는 유리 모자이크 타일과
큰 유리가 인상적인 화장실.

→ 흰색으로 마감한 심플한
세면실에 그 폭만큼 거울을
달았다.

127

각종 설비기기
EQUIPMENT

75 설비기기가 소모품이라는 인식

시스템키친이나 시스템바스, 냉난방기기나 급탕기기 등 꼭 필요한 기기만도 한둘이 아니다. 리모컨이나 자동 온도조절, 에너지 재활용 기능 등 부가적인 성능이 나날이 향상되면서 소비자의 눈높이도 점점 높아지고 있다. 당연한 사실은 부가 기능이 하나씩 추가될 때마다 가격도 딱 그만큼씩 오른다는 점. 아무리 편리해 보이는 기능도 정작 실생활에서 활용하지 않는다면 보석을 썩히는 꼴이 된다. 정말로 필요한 기능인지 잘 생각해서 선택하도록 하자.

또 최신식 설비라 하더라도 매일 사용하는 만큼 수리 및 교체 시기가 온다. 일반적으로 건물의 수명보다 설비기기의 수명이 짧은 편이기 때문에, 교체는 한번쯤은 거쳐야 할 필수 과정. 고장 나지 않았더라도 새로운 기능이 있는 설비기기로 바꾸고 싶어질 수도 있다. '언젠가는 바꿔야 하는 것'이라고 상정한다면 처음 비용을 어느 정도로 해야 할지 판단하기 쉬울 것이다.

76 때로는 스테디셀러 모델이 정답

설비기기 제조회사들의 모델 교체 주기가 점점 빨라지는 추세다. 인기 없는 제품은 반년도 지나지 않아 단종되는 경우도 비일비재. 단종되더라도 제조사가 일정기간 부품을 보관해야 하는 의무가 있지만, 언제 A/S 보증 기간이 끝날지 모를 일이다. 희귀한 모델이나 해외에서 들여온 것도 교환 및 유지관리가 어렵다. 그런 점에서 스테디셀러 제품은 소비자들에게 널리 인정받은 제품인 동시에, 장기적인 유지·관리를 보장할 수 있는 방법이다. 가능하면 표준사양 모델들 가운데 선택하는 것이 좋다.

또 최신 모델은 당연히 가격도 비싸다. 최근에는 독특한 디자인이나 소재, 기능을 내세운 수입 설비기기를 찾는 사람이 늘었다. 수입 설비의 경우 보증과 A/S 진행을 어디에서 하는지

확인하는 게 필수. 많은 경우 국내 법인이나, 수입 대리점을 통해
사후 관리를 진행하고 있다. 단 국내 제품에 비해 수리나 교환,
부품의 주문에 어느 정도 시간이 드는 것을 예상해야 한다.

77　추가 설치나 교체의 경우

예산 때문에 신축할 때 설치를 미루거나 차후 가족 구성원의 변경
등을 이유로 설비를 교체하는 경우도 있다. 그러므로 신축 계획시
미리 전기배선이나 가스관, 배수관 등은 고려하는 것이 좋다.
나중에 다시 전기, 가스, 배수관 공사를 하게 되면 상대적으로
비용이 더 들기 때문이다. 식기세척기나 빌트인 오븐 등에 필요한
급배수관이나 전원 콘센트를 부엌 하부장 속에 준비해두자.
　　　일반적으로 에어컨은 가전제품 판매점에서 사서 나중에
다는 것이 저렴하지만, 배관용 슬리브나 콘센트는 시공 도중에
달아두는 것을 추천한다. 특히 벽에 구멍을 내는 슬리브는 집
구조에 대한 지식이 없는 사람이 시공하면 가새를 잘라버린다거나
단열재를 깨버리는 경우도 있기 때문에 필히 주의해야 한다.

설비기기 교환 시기의 기준

부엌	10 ~ 15년 (레인지 7 ~ 8년)
욕실	10 ~ 20년
화장실	5 ~ 10년
급배수	15 ~ 20년
에어컨	10 ~ 15년
급탕기기	8 ~ 15년
조명기구	8 ~ 10년

78　부엌 설비

최근에는 열린 부엌이 인기인데 거실 쪽에서 조리할 때 발생하는
연기나 소리가 새지 않게 주의해야 한다. 청소성이나 차음성이
뛰어난 열린 부엌용의 설비기기나 부재가 개발되고 있으니
활용하는 것이 좋다.
　　　환기를 위해 배기성능이 좋고 가동음이 조용한 환기팬을

고르자. 부엌의 문이나 조리대, 렌지후드는 잘 더러워지지 않고
재빨리 닦아낼 수 있는 소재를 선택하면 관리가 편하다.

또 음식을 만들 때 나오는 소리가 의외로 커서 식당이나
거실에서의 대화를 방해할 수도 있다. 물 튀는 소리가 조용한 싱크,
열고 닫는 소리가 조용한 서랍장, 가동음이 조용한 식기세척기 등
조용한 설비기기도 체크해두자.

79   아일랜드 카운터

아일랜드 타입은 아일랜드 싱크나 렌지 등의 기기를 어떻게
배치하느냐에 따라 필요한 공간의 넓이가 크게 달라진다. 아래는
카운터 배치의 대표적인 패턴을 그림으로 보여준다. 패턴 1은
아일랜드에 싱크와 렌지를 모두 설치한 경우. 싱크와 렌지의 사이에
조리공간으로 최소 60cm가 필요하고 렌지나 싱크의 옆은 최소
15cm, 냄비를 둔다면 30cm 이상 필요하다.

패턴2는 아일랜드 카운터에 싱크만을 설치한 경우.
아일랜드의 길이는 패턴1에 비교하여 짧아졌지만 카운터를 2열로
배치해야 하기 때문에 공간의 폭이 더 필요하다. 벽 쪽 카운터에
렌지와 싱크를 설치하여 아일랜드를 큰 작업대로 사용하는 것도
편리하다.

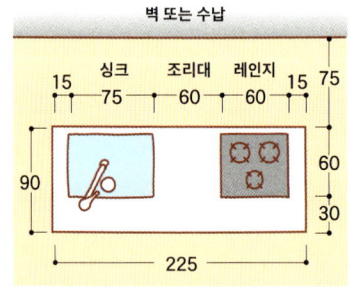

패턴 1
아일랜드에 싱크와 레인지를 모두
설치할 경우 길이 225cm 이상 필요.
벽과의 간격은 최소 75cm 이상으로.
벽면수납을 할 경우 수납의 폭만큼 더
넓은 공간이 필요.

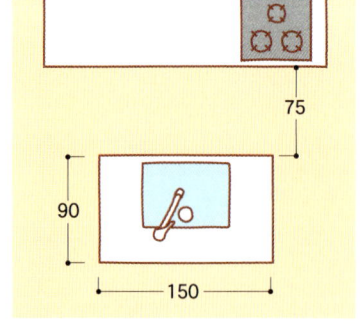

패턴2
ㅁ형의 레이아웃은 아일랜드에 싱크 또는
레인지만을 설치한다. 길이는 패턴 1보다
짧은 150cm가 적합.

거실, 식당과 일체가 된 아일랜드 부엌은 수납의 구성이
중요하다. 상온 보존하는 식재를 넣는 식품창고를 설치하거나
전자제품뿐만 아니라 쓰레기통을 둘 곳까지 미리 계획하는 것이
좋다.

80 심야전력

바닥 난방은 플로링이나 타일 등의 바닥마감재 아래에 전기히터나
온수 파이프 같은 열원을 설치해 바닥 전체를 데우는 방식이다.
바닥 난방은 넓은 공간이라도 상하의 온도차가 적고 정기적인
유지관리가 필요하지 않기 때문에 다른 방식에 비해 경제적이다.
한국의 경우 심야전력 계량기를 설치하면 일반요금과 별도로
요금이 청구된다. 심야전력을 이용할 경우 요금 수준은 일반 전기
요금에 비해 낮다. 심야전력은 밤 10시부터 아침 8시까지 10시간
동안만 전기가 공급되지만, 이 시간 동안 축열식기기를 사용해
열을 저장한 뒤, 저장된 열에너지로 난방 및 온수를 공급하는
방식이다. 저렴한 요금 외에 또 하나의 특징은 한국전력에서
지원하는 설치보조금 제도의 혜택까지 받을 수 있다(http://cyber.
kepco.co.kr).

↑ →
바닥 마감재는 타일, 난방은
바닥 난방. 한겨울에도 타일
특유의 서늘함이나 상하
온도차가 없어 쾌적하다.

↑ →
식당과 주방, 거실을
L자형으로 배치하고 바닥
난방을 설치했다.

81 에어컨 공사

에어컨은 시공회사를 통해 구입하는 것보다 가전제품 대리점의
할인 행사 등을 이용하는 편이 경제적이다. 시공 때 전원 콘센트와
배관용 슬리브만 미리 만들어두자. 나중에 다시 타공을 하면 에어컨
설치 비용이 추가로 발생한다.

←
기존의 집을 리모델링했다.
거실과 침실에 에어컨 설치를
계획. 전기공사와 배관용
슬리브공사만 진행하고
에어컨은 겨울철 할인 행사로
구입했다.

82 빌트인 에어컨

천장이나 벽 안에 매입하는 빌트인 타입은 인테리어 효과가 크고
공간도 넓어 보인다. 하지만 빌트인 공사는 골조 공사 후에 배관이나
벽, 천장을 마감하기 때문에 손이 많이 가고 에어컨 자체도 비싸다.

83 기능이 많은 설비

자동 개폐 선반, 센서 감지 수전, 텔레비전 수상기가 탑재된 욕조
등, 매력적인 기능을 탑재한 설비들이 많다. 하지만 그 기능들이
자신에게 꼭 필요한 기능인지 꼼꼼하게 따져보자. 편리해 보였던
기능도 사용하지 않으면 무용지물이고 불필요한 낭비요소일
뿐이다.

← 시스템바스나 세면대 겸용
화장대는 기능이 간단한
보급형 제품을 선택해 비용을
절약했다.

84 시공사의 추천

시스템키친, 욕실, 화장실 설비기기 업체는 셀 수 없이 많다. 특별히
선호하는 업체가 없거나 건축 비용을 줄이고 싶은 경우, 시공사가
추천하는 설비를 선택하는 것도 비용을 절감할 수 있는 방법이다.

← 건축가의 안목으로 고른
욕실설비. 건축가가 건축주의
의견을 참고해 저렴한
제품으로 선택했다.

85 기성품 + 직접발주

메이저 설비 업체의 보급품이 저렴하지만 평범하다는 이유로
꺼리는 사람도 있다. 그럴 경우 보급품과 직접발주 제품을 적절히
조합하는 방법을 추천한다. 예를 들어 수납장의 문은 기성품으로
하고 내부는 직접 만든다거나, 세면대는 기성품으로 하고 벽면에
앤틱 거울을 달거나, 심플한 부엌에 열린 선반을 더하는 등, DIY로
진행하면 건축주가 직접 집을 만들어가는 재미도 느낄 수 있다.

↑ →
부엌 뒤쪽 벽에 작업공간을
겸한 수납 선반을 설치했다.
문은 기성품이지만 내부는
집주인의 키에 맞춰
시공사에서 제작했다.

←
시스템키친에 모자이크
타일을 붙인 허리까지 오는
벽을 더해 기능과 인테리어를
동시에 만족. 바로 옆에
식탁을 붙여 동선도 원활하다.

→ 세면대 겸용 화장대 위에
상부장은 없애고 하부장만
설치. 벽에 심플한 거울을
붙였다.

↑ 세면대는 '이케아' 제품.
나무로 된 거울틀과
수건걸이에 주황색 등을
달았다. 큼직한 세면볼은 물이
튈 염려가 적다.

↑ 세면대는 일체형의
기성품이지만 벽에 모자이크
타일, 거울, 벽등의 조합을
더해 개성 있는 세면실을
완성했다.

← 식당이나 주방에서 많이
사용하는 하부장에 카운터와
세면볼을 조합한 세면대.
시스템 세면화장대를
설치하는 것보다 비용을 크게
아꼈다.

86 추가 설치·공사

예산 때문에 설비기기나 창호의 설치를 연기하는 경우라도 준비는 미리 해둘 것을 권한다. 완공 후에 목공사나 설비공사를 추가하면 비용은 물론 공간 확보와 급배수관, 전기 콘센트, 창호 변경 등 손이 가는 곳이 이만저만 아니다. 추가 설치에 필요한 밑작업은 신축공사 때 마쳐서 추가 비용 부담을 줄이자.

←
목공사로 재작한 부엌. 카운터와 수납장은 합판에 흰색 페인트로 마감. 카운터 아래의 빈 부분에 나중에 식기세척기를 설치할 예정이다.

EQUIPMENT 가중 설비기기

← ↑
아이방의 옷장 문은 생략하고
필요할 때 설치할 수 있도록
틀과 레일을 달았다. 또
공간을 두 개로 분리할 수
있도록 벽의 바탕도 미리
시공했다.

87 재고품 이용하기

시공사가 다른 공사에서 쓰고 남은 내장재나 잘못 발주해
설비기기를 보관하고 있는 경우가 종종 있다. 시공사 입장에서는
이런 재고품을 가능한 한 빨리 처리하고 싶어 하니, 시공사에 먼저
물어보길 권한다.

←
색색의 타일을 조합한 바닥
마감이 눈길을 끄는 LDK.
시공사에서 보관 중이던
타일을 같은 크기로 골라
사용했다.

88 직접발주

직접발주는 주문에서 반입까지 건축주가 직접 처리하고
운반비용이나 설치비도 모두 부담해야 하기 때문에 제품 자체를
싸게 구했다 하더라도 결과적으로 반드시 비용이 절약된다는
보장이 없다. 직접발주를 할 때는 신중하게 모든 과정에 드는 비용을
따져보자.

← 가족 각자가 자신이 사용할
방의 조명을 골랐다.

89 스팟 조명

천장에 매입하는 다운라이트는 주 조명으로 사용할 수도 있지만,
천장 판을 동그랗게 잘라야 하기 때문에 추가 비용이 든다.
비용을 절약하고 싶다면 천장 조명이나 벽등을 주 조명으로 쓰고
다운라이트는 보조 조명으로 사용하자. 다른 조명과 함께 사용하면
빛의 음영을 즐길 수 있다.

↓
주방은 다운라이트, 식당은
펜던트 조명, 그리고 벽등.
세 가지 조명으로 연출한 주방
겸 식당.

← 붙박이장 위를 갤러리
공간으로 연출. 다운라이트를
설치했다.

거실, 식당과 같은 층에 만든
서재. 조명은 다운라이트와
벽등을 조합했다.

지은 지 50년 된 목조주택을
리모델링했다. 중앙의 펜던트
조명이 주변의 다운라이트
조명과 어우러져 옛 멋을
풍긴다.

트랙 조명

조명기구를 이동시킬 수 있도록 연속적인 고정밴드나 트랙에 다는
트랙 조명에는 스포트라이트나 펜던트 조명 등 복수의 조명기구를
달 수 있다. 천장에 구멍을 뚫고 기구를 매입하는 다운라이트보다
공사가 간단하고 기구도 저렴해 인테리어 효과를 높이면서도
비용을 절약할 수 있다.

← 거실과 식당을 가로지르는
보의 양쪽에 트랙조명을
설치. 양쪽으로 빛이 닿을
수 있도록 스포트라이트를
장착했다. 각도를 자유롭게
바꿀 수 있어 편리하다.

↑
열린 LDK 평면. 트랙에
스포트라이트 기구를
장착했다. 중간 중간
펜던트조명을 더해 빛의
음영까지 만들 수 있다.

→
트랙조명에는 스포트라이트
뿐만 아니라 샹들리에를
설치할 수도 있다.

91 자주 사용하는 설비

수전이나 문고리 같은 설비는 매일 손을 타는 부분이다. 매일
사용하는 하드웨어가 싸구려라면 쉽게 질리고 내구성에도 금방
문제가 생긴다. 값이 조금 비싸도 성능과 내구성, 디자인까지 뛰어난
제품을 고르는 것이 좋다. 블로그나 카페를 통해 사용 후기를
확인하고, 소비자의 평이 좋은 제품을 고른다.

↓ →
레트로한 디자인의 수전은
광택을 줄인 브러쉬
스테인레스, 싱크는 법랑
재질을 사용했다. 모두
'콜러'사 제품.

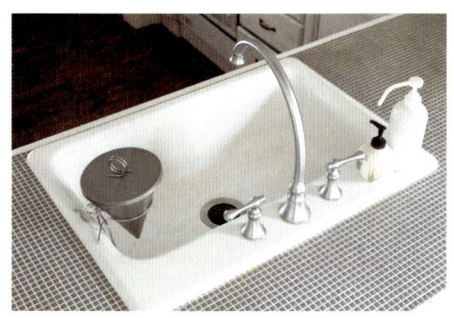

↑
'브라바트'사 제품을
인터넷으로 건축주가 직접
구입했다.

→
튼튼하고 질리지 않는 검은색
문고리는 시공사가 갖고 있던
재고품을 저렴하게 구입했다.

92 창의 종류

집 안으로 빛과 바람을 들이고 집 밖의 풍경을 비추는 등 안팎을 연결하는 통로가 바로 창이다. 동시에 외부의 시선을 적절히 차단하고 방범까지 책임지는 경계의 기능도 있다. 아래 그림처럼 창의 종류는 다양하다. 목적에 맞는 기능을 찾는 것이 창 선택의 첫 단계.

거실과 테라스처럼 사람의 출입이나 외부와 연결이 중요한 곳에는 바닥까지 내려오는 통창이 적합하다. 얼마 전까지만 해도 미서기창이 주류였지만, 최근에는 테라스나 발코니 설치가 유행하면서 밖으로 열리는 프랑스식 창도 각광받고 있다. 출입이나 통풍보다 조망이 중요한 장소에는 열리지 않는 붙박이창(픽스창)이나 코너 창을 사용하는 방법도 있다. 거꾸로 욕실이나 화장실 등 외부의 시선을 차단하고 통풍이 필요한 장소에는 유리루버창이나 미늘창이 적합하다.

다양한 창의 종류

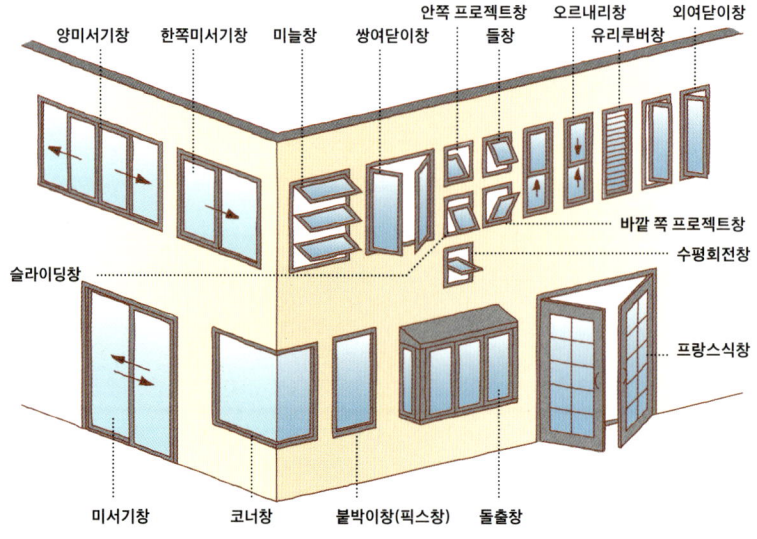

방범이 중요하다면 좁고 긴 창과 작은 사각창이 유리.
통풍만 원한다면 개폐식 창을 같은 크기로 일정한 간격으로
배치하는 것이 효과적이다. 크기가 다른 창을 같은 벽에 낼 때에는
창의 상단을 맞추면 안정감이 생긴다.

창의 위치와 통풍

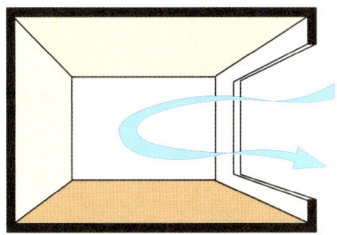

한 면만 개구부를 낸 경우 통풍이
원활하지 않다.

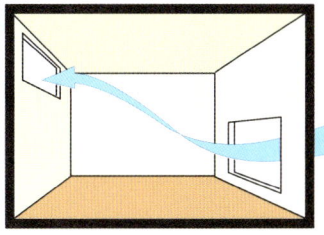

상하로 개구부를 만들면 바람의 길이
길어져 열기 배출이 쉽다.

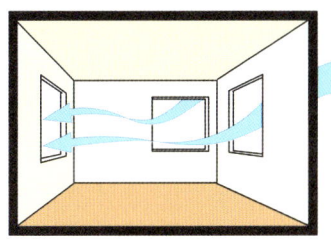

개구부를 삼면에 설치하면 풍향의
영향을 받지 않고 환기성능이 좋다.

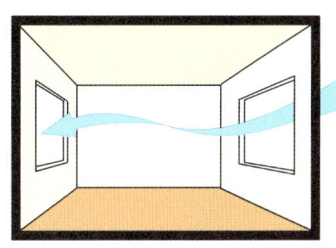

개구부를 대면식으로 하면 바람이 잘
통한다.

93 우리 집에 필요한 창은?

창의 필수 기능은 통풍과 채광. 채광은 창을 다는 높이와 창의
모양에 따라 달라진다. 기본적으로는 천장 가까이에 개구부가
있을수록 더 많은 빛을 끌어들일 수 있다. 빛이 천장에 반사되어 방
전체를 밝힐 수 있기 때문이다.

가로로 긴 창은 허리 높이에 설치하는 경우가 일반적인데,
높이를 높이면 밝기가 밝아진다. 또 같은 면적이라면 세로로 긴 창의
채광이 더 우수하다. 작은 창은 큰 창을 낼 수 없거나 외부의 시선을
막고 싶은 장소에 적절하다. 여러 개를 일정한 간격으로 달면 실내에
음영이 생겨 독특한 분위기를 연출할 수 있다.

천장 가까이에 다는 높은 측창은 도로에 면하거나
밀집지에서 외부 시선 차단과 밝은 채광 효과가 필요할 때 적합하다.

바닥 가까이에 다는 낮은 측창은 빛의 양을 줄이고 싶은 방에 적합하다. 외부의 소음과 열기를 막고 실내를 안정된 분위기로 만들 수 있다.

천창은 빛의 양이 벽면 창의 3배나 되기 때문에 주택밀집지와 같이 벽으로부터의 채광이 어려운 경우에 사용한다. 더위를 피하기 위해서는 직사광선이 들어오는 방향을 피하고 되도록이면 북향으로 만들어야 한다. 유지관리가 어렵기 때문에 창이나 차광용 블라인드 개폐설비는 전동식으로 하는 것이 좋다.

창의 종류에 따른 채광 효과

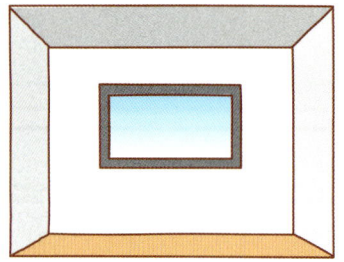

가로로 긴 창
허리 높이의 미서기창으로 익숙한 형태. 창의 상단을 높이 설치하면 빛이 깊게 들어와 밝고 넓게 느껴진다.

높은 측창
천장 가까이에 다는 창. 프라이버시를 지키기에 적절하다. 부드럽고 안정감 있는 빛을 얻을 수 있다.

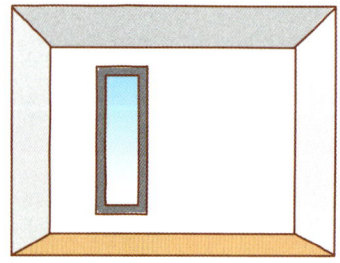

세로로 긴 창
같은 면적이라면 옆으로 긴 창보다 세로로 긴 창이 방의 안쪽까지 빛을 끌어들인다. 외부의 시선을 적절히 차단하는 효과도 있다.

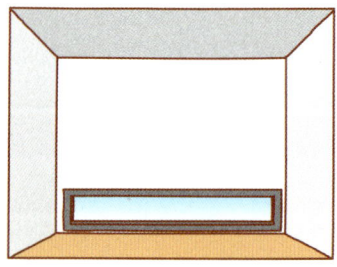

낮은 측창
바닥에 가까이 다는 창. 직사광선이 들어오지 않고 열기를 막으며, 동시에 부드러운 빛과 바람을 끌어들인다. 도로에 면한 방이나 현관, 또는 차분한 분위기를 원할 경우 적합하다.

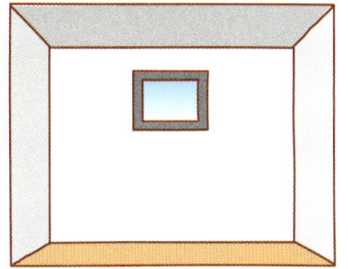

작은 창
외부의 시선을 막고, 방범성도
우수하다. 여러 개를 균형 있게
배치하면 외벽 인테리어의 포인트가
된다.

천창(톱라이트)
천장에 다는 창. 채광 효과는 벽면에
설치한 창의 3배 이상. 옆집과 바짝
붙어 있거나 벽으로부터의 채광이
어려운 방에 사용한다.

94 창의 위치와 크기

창의 위치와 크기를 적절하게 잘 만들면 좁은 집도 넓고 개방적으로
보인다. 창을 통해 시선이 외부로 뻗어나가면서 바깥의 공간감을
실내로 끌어들일 수 있다. 폭이 넓을수록 개방감도 크다.

← 통창은 실내와 외부의
일체감을 높인다

→ 거실 한쪽을 삼각형으로 잘라
보이드를 만들고 발코니를
설치했다. 천장까지 닿는 높은
창 덕분에 넓게 느껴진다.

← 주변 지역보다 고지대에
위치한 주택. 대지의 특징을
살려 한쪽 벽 전체에 창을
냈다.

→ 벽 전면을 개방한 다이내믹한 평면. 반원형 천장의 형태를 살려 높은 측창까지 설치해 채광 효과를 극대화했다.

← 장방형의 공간에 거실, 식당, 주방을 늘어놓았다. 긴 방향 전체에 창을 낸 것이 특징.

95 작은 창 여러 개 vs 큰 창 하나

크기가 작은 창을 여러 개 다는 것 보다 폭과 높이가 충분한 큰 창을 한 개 다는 것이 비용면에서 유리하다. 창 하나를 만들 때마다 창틀과 하드웨어가 필요하고 시공비도 들기 때문이다. 또한 큰 창을 하나만 놓으면 방이 넓어 보이는 효과도 있다.

96 바닥까지 내려오는 창

바닥까지 내려오는 큰 창은 원래 먼지를 밖으로 쉽게 쓸어내기 위한 용도였다. 보통의 창은 성인 허리 높이에서 시작된다. 둘 다 장점이 있지만 공간을 넓어 보이게 하는 것은 바닥까지 내려오는 창이다. 외부와 연결된 것처럼 보여 방이 더 넓게 느껴진다.

→ 시원하게 열린 상하층 창으로 빛이 쏟아져 들어온다.

← 적당한 거리를 두고 식당과 거실이 이어지는 일반적인 평면. 창 밖에는 폭 135cm 데크를 놓고 목재 울타리를 설치해 시선을 차단했다.

고급스러운 분위기를
원한다면 프랑스식 창이
방법이다. 마주한 테라스는
타일로 마감했다.

97 미서기창 vs 슬라이딩창

특수한 경우를 제외하면 알루미늄 재질의 미서기창이 종류와
모양도 다양하고 값도 싸다. 단 통풍용의 작은 창이라면 세로로
미끄러지는 창이 더 적합하다.

데크를 중심으로 건물을
L자로 배치한 평면. 두 면에
바닥까지 내려오는 창과 높은
측창을 설치했다. 창은 전부
미서기창.

↑
세로축이 앞뒤로 움직여 열고
닫는 세로로 미끄러지는 창.
욕조에 누웠을 때 밖을 볼 수
있는 위치에 배치했다.

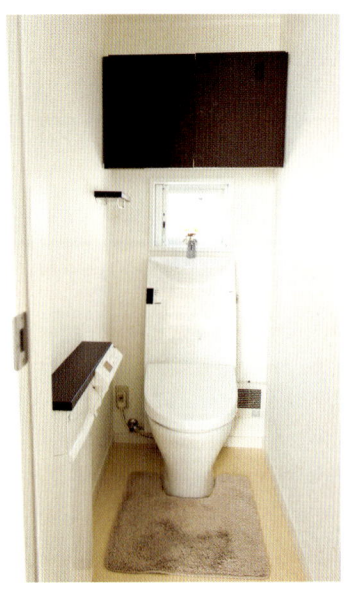

↑
화장실의 채광과 통풍을
위해 설치한 작은 여닫이창.
수납장의 바로 아래 배치해
손이 닿기 쉽고 개폐가
편하다.

98 유리블록

빛을 투과하고 단열과 차음 효과가 있는 유리블록을 외벽이나
실내의 칸막이벽으로 사용한다. 하지만 유리블록은 일반적인
판유리에 비해 비용이 2배 이상. 벽으로서의 기능이 필요없고
단순히 채광만을 원한다면 투명 유리나 프로스트 유리(에칭 유리)로
비용을 절약할 수 있다. 용도에 맞추어 선택하자.

←
도로와 면해 있어 외부의
시선이 신경 쓰이는 남쪽
벽면에 유리블록을 사용.

←
현관문 옆에 유리블록을 넣어
빛을 끌어들였다.

↓ →
거실, 식당과 아틀리에를
유리 칸막이로 연결. 철골
가새가 디자인의 포인트.

→ 유리를 사용하여 느슨하게
구분한 현관(유리의 건너
쪽)과 거실(바로 앞).

← 부엌과 복도를 나누는
칸막이벽에 설치한 기포유리
창. 빛은 통과시키면서도
시선은 적절히 차단시킨다.

99 방문들 줄이기

문을 만드는 데에는 재료비와 하드웨어, 설치비, 도장비 등이 든다.
문을 하나 줄이면 약 5만 엔의 비용을 아낄 수 있다. 아이방 문을
생략하거나, 물 쓰는 곳의 문을 생략해 가사동선을 확보하는 방식을
추천한다. 또 LDK 열린 평면이나 나중에 2개로 나눌 예정인 방의
칸막이벽을 줄이는 등 여러 가지 방법이 있다.

↑ →
부부의 침실을 제외한 모든
영역에 문을 설치하지 않았다.
LDK와 2층의 공용공간,
주방과 물 쓰는 곳까지 연결해
동선도 편리하다.

←
침실의 칸막이벽을 생략한
대신, 아이가 태어나면 방을
2개로 나눌 수 있도록 문을
2개 배치했다.

100 몰딩 줄이기

내벽이나 바닥을 곡선으로 마감하면 집 안 인상이 부드러워지지만
비용이 상승한다. 'R(round)은 직선의 3배'라는 말이 있을 정도.
반드시 곡선 마감을 하고 싶다면 몰딩을 줄이자. 꼼꼼하게 계획하면
절반의 비용으로 성공할 수 있다.

← 현관과 실내 경계면을
곡선으로 처리한 평면.
절단면에 몰딩을 생략해
비용을 아꼈다.

→ 저가의 얇은 합판을
U자형으로 휘어 입구 아치의
바탕재로 사용했다.

101 계단 마감

계단을 목재나 철재 난간으로 둘러쌀 경우 수고도, 비용도 배가
된다. 대신 허리까지 오는 벽을 설치하면 재료비와 시공비를 아낄 수
있다. 벽의 두께를 그대로 사용할 수 있어 통일감을 살리는 장점도
있다.

↑
계단실 벽을 낮게 해서 시선을
가로막는 요소를 줄였다.

102 걸레받이

내장 마감에 특별히 신경 쓰지 않는다면 걸레받이나 몰딩을 줄여
비용을 아낄 수 있다. 밝은 색상으로 벽을 마감한다면 걸레받이만
붙이고 천장 몰딩은 생략하는 방법도 있다.

↑
걸레받이와 몰딩을 없애
산뜻해진 거실. 옹이 결이
살아 있는 원목 바닥재는
걸레받이와 몰딩이 없는 하얀
벽과 잘 어울리는 쌍이다.

↑
방과 거실 모두 같은 색상의
내장 마감재로 통일했다.
천장에는 몰딩을 두르지 않고,
걸레받이만 벽면과 같은
색상으로 마감했다.

103 문틀과 창틀

방문이나 창틀, 수납장 문을 주문·제작할 경우 비용이 천차만별.
합리적인 가격과 안정적인 품질을 제공하는 기성품이 답이 될 수
있다. 취향과 색, 소재 등도 다양하기 때문에 디자인과 값을 동시에
만족시킬 수 있다.

현관에 단 문은 본래
실내용으로 생산된 제품.
깔끔한 디자인에 단열 및 차음
효과도 우수한 반면 비용은
저렴하다.

실내의 모든 문에 기성품을
사용했다. 덕분에 가격에 크게
구애받지 않고 원하는 위치에
붙박이 가구를 설치할 수
있었다.

104 담과 대문

담과 대문의 목적은 사생활 보호와 방범. 최근에는 통풍과 공간
활용을 위해 열린 마당으로 두는 집이 느는 추세이다. 담장공사를
별도로 하지 않으니 재료·시공 비용도 아낄 수 있다. 적당한 경계가
필요하다면 인접대지와 경계면에 나무를 심으면 효과적이다.

↓
마당에 담을 없앤 대신
천연석재로 마감. 앞마당을
크게 만들어 도로와 집이
멀찍이 떨어질 수 있었다.
마당에는 보도블록과 비슷한
천연석재를 사용했고,
주차장은 시멘트로 마감.

↑
도로 쪽에 풀과 나무를 심어
집과의 자연스러운 경계를
만들었다.

105 마당과 조경

외부공사나 조경을 업자에게 맡기면 작은 정원 하나를 만드는
데에도 수십만 엔이 든다. 진입로 벽돌공사나 데크 도장, 식재 등은
초보자라도 쉽게 작업 할 수 있고, 거칠게 마감해도 어색하지 않다.
대형 마트를 이용하거나 자재상을 통하면 재료 구입도 간단하다.

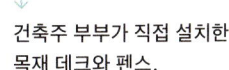
건축주 부부가 직접 설치한
목재 데크와 펜스.

수납
STORAGE

106 이사할 물건들 체크하기

무턱대고 수납공간을 늘리면 그만큼 생활공간이 좁아지고, 수납장 같은 설비비가 추가로 든다. 사용하지 않고 쌓아놓은 물건이 없는지 꼼꼼하게 체크하자. 선물로 받은 식기세트, 유행이 지나 입지 않는 옷, 쓰지 않는 취미용품 등, 언젠가 사용할지 모른다는 기대로 지니고 있던 물건들을 버려야 할 때다.

107 습관에 맞춘 수납계획

흔히들 '아이의 물건은 아이방에' '옷은 옷장에'처럼 단순한 공식으로 수납을 생각한다. 하지만 아이가 어릴 때는 방이 아니라 식당이나 거실에서 숙제를 하는 일이 빈번하다. 또 잠옷이나 속옷은 샤워를 하고 바로 갈아입을 수 있도록 수건과 함께 세면실에 두는 것이 편리하다. 옷의 경우 세탁, 건조, 정리 등 옷장으로 들어가기 전까지 손이 많이 간다. 각각의 작업 장소가 분산되어 있으면 동선이 길어져 비효율적이다. 모든 공정을 같은 층에서 할 수 있도록 물 쓰는 곳과 수납공간을 한데 모으면 동선까지 줄일 수 있다. 이처럼 가족 구성원의 생활습관에 맞는 수납계획이 필요하다.

108 품목별 수납장 높이와 폭

우리가 사용하는 물건의 크기는 각양각색이다. 아래의 그림은 가정에서 사용하는 물건의 크기와 사용하기 편리한 위치(높이)이다. 식기나 책은 실제 폭에 맞춰 수납장을 짜야 공간을 효과적으로 활용할 수 있다. 또한 매일 사용하는 물건과 가끔 사용하는 물건은 사용 빈도에 따라 수납 위치를 정하는 것도 중요하다.

　　　단, 지나치게 크기를 신경 쓰다가는 칸막이만 늘어나 오히려 예산이 높아질 위험이 있다. 붙박이 수납은 심플하게 계획하는 것이 좋다. 처음부터 시중에 유통된 저렴한 수납용품의 크기를 염두에 두고 효율적으로 수납장을 짜는 방법도 검토하자.

가정에서 사용하는 물건들의 크기 분류

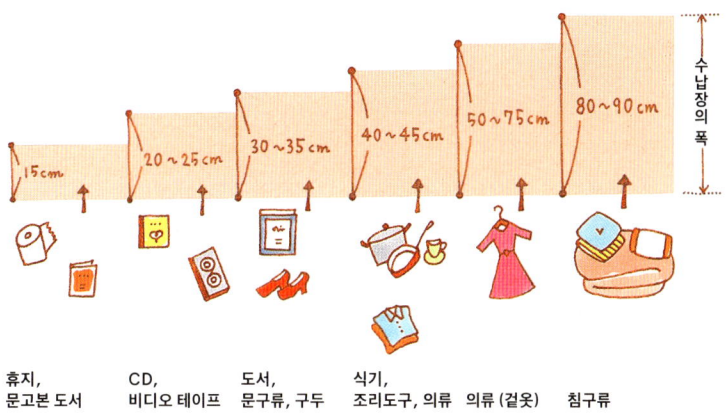

| 휴지,
문고본 도서 | CD,
비디오 테이프 | 도서,
문구류, 구두 | 식기,
조리도구, 의류 | 의류 (겉옷) | 침구류 |

보통의 가정에서 사용하는 용품들은 여섯가지 폭으로
나누어 분류·수납하면 적당하다.

109　집중수납과 분산수납

'집중수납'이란 사람이 안으로 들어갈 수 있도록 '실'을 수납공간으로 사용하는 방식. 옷방(W·I·C: Walk In Closet)이나 창고, 부엌의 대형 식품고(팬트리)나 코트나 신발을 정리하는 신발장, 세탁·건조·수납을 일괄할 수 있는 수납이 달린 다용도실 등을 예로 들 수 있다. 내부를 간단히 만들면 대형 벽면수납에 비해 설치 비용이 저렴하지만, 반드시 통로를 설치해야 하는 만큼 공간 활용에 제약이 있다.

　　　'분산수납'은 장소마다 필요한 물건을 보관하는 방식. 부엌에는 부엌장, 화장실에는 세면장, 현관에는 신발장, 침실에는 옷장을 배치한다. 상황에 따라 벽장이나 카운터 상·하부장을 설치할 수 있다. 실내를 어지럽히지 않고, 필요할 때 즉시 꺼낼 수 있다는 점이 포인트. 수납장의 깊이는 물건의 크기에 맞추는 대신 폭은 늘여야 한다. 깊이가 깊으면 안쪽에 둔 물건은 사용하지 않게 되기 때문이다.

집중수납과 분산수납, 두 가지 수납법을 가족들의 생활
습관에 맞추어 적절하게 혼합하여 사용할 것을 권한다.

사용 빈도에 따른 물건들의 수납법

사용이 적고
가벼운 물건

가끔씩 사용하는
물건으로 가벼운 것

매일 사용하는
물건

가끔씩 사용하는
물건으로 무거운 것

사용이 적고
무거운 물건

필요한 물건의 사용 빈도와 수납공간의 적절한 높이를
확인하자.

110 열린 선반

꼭 숨기는 것만이 정답은 아니다. 매일 사용하는 식기나 조리도구,
잡화를 선반에 진열하면 수납을 장식으로도 즐길 수 있다. 열린
선반은 문을 달지 않는 만큼 저렴하고 인테리어 요소로도 활용할 수
있다. 문이 없으니 공간이 넓어 보인다는 장점도 있다.

←
식기와 부엌 용품을 굳이
숨기지 않고 열린 수납으로.
높이와 폭을 사용자의 키와
수납할 용품의 크기에 맞춰
제작했다.

↑
벽면에 설치한 선반 수납은
장식과 수납 기능을 동시에
만족시킨다.

→
침실 벽면의 창과 에어컨
주위로 책장과 책상을 맞춤
시공했다. 책장 아래 공간에는
시중에서 판매하는 수납함과
바구니를 배치.

111 붙박이 가구

붙박이 가구를 가구점에 주문하면 마감은 깔끔하지만 값이 비싸다.
목공사 때 시공사에 가구 제작을 부탁하면 가구점 맞춤 제작에 비해
비용을 절약할 수 있다. 단, 가구 제작업체에서 제작한 것과 같은
복잡한 디자인과 디테일을 살리기는 어려우니, 원할 경우 건축가와
미리 제작방식을 상담하는 것이 좋다.

↓ →
거실 벽면에 설치한 낮은
수납장은 건축가의 디자인.
목공사 때 제작했다. 창이
난 측면에도 30cm 높이의
벤치를 만들었다.

주방과 아이방, 화장실이
이어지는 통로에 세면실을
겸한 서재를 배치했다.
세면대와 책상, 수납장 모두
목공사 때 제작해 비용을
절약했다.

주방 옆에 다용도실을
배치했다. 수납과 세탁은
물론, 벽면에 책상과
책장을 짜 맞추어 작업실로
사용하기도 한다.

←↑
침실과 세면실 모두 목공사 때 열린 수납을 설치했다. 화장실 수납장의 경우 습기가 고이지 않고 물건을 넣고 빼기 쉬워 편리하다.

→
작업 공간으로도 활용할 수 있도록 현관에 긴 통로를 만들고 수납장을 벽면으로 밀어 넣었다. 수납장 위아래로 창을 설치해 밝고 바람도 잘 통한다.

112 불필요한 물건을 버리기

수납공간이 필요하다고 무턱대고 붙박이가구를 배치하면 방이
좁아지고 비용도 크게 증가한다. 길이가 1칸(180cm)에 불과한
붙박이가구도 총 비용은 20~30만 엔. 무작정 가지고 있는 물건들을
모두 보관하려고 계획하기보다는 불필요한 물건을 줄여 필요한
수납공간을 줄이려는 노력이 필요하다.

113 수납장 문 한 장도 다 돈이다

붙박이로 수납공간을 만들 경우 같은 길이라도 문을 네 장 다는
것보다 두 장 다는 게 싸다. 문의 크기에 상관없이 그 수만큼
부품이나 설치비가 늘기 때문이다. 쌍여닫이 방식이라면 개폐
공간도 충분히 확보해야 한다. 문의 개수와 여닫는 방식을 결정할
때에는 공간에 맞는 방식에 대한 고민이 필요하다.

↓
옷장의 길이는 두
칸(360cm)이지만 문은
하나. 수납장의 문을 미닫이
방식으로 하면 개폐 공간이
필요없고 커다란 물건을 넣고
빼기 편하다.

STORAGE 수납

171

114 드레스룸, 창고 숨기기

방마다 붙박이가구를 설치하는 대신 드레스룸이나 창고처럼 집중
수납이 가능한 공간을 만들면 비용을 아낄 수 있다. 드레스룸이나
창고는 평소에는 보이지 않는 공간인만큼 마감이나 수납장 비용을
아낄 수 있기 때문이다. 간단한 행거나 선반을 설치해 목적에 충실한
공간을 완성할 수 있다.

↑
따로 가구를 제작하는 대신
사용하던 수납장을 드레스룸
안에 들여놓았다. 창을 달아
환기도 OK. 자유롭게 드나들
수 있도록 출입문은 설치하지
않았다.

→
다락 아래 1.5평 공간에
사용하던 수납함과 행거를
설치해 드레스룸을 만들었다.
문은 미닫이로 따로 개폐
공간을 확보할 필요도 없다.

↑↗
화장실과 침실 사이에 설치한
통로형 드레스룸. 공간을
절약하는 동시에 출근 준비나
퇴근 후 정리하기 가장 편리한
동선이다.

↓
밖으로 나가기 전, 마지막으로
신발과 외투를 꺼낼 수
있도록, 현관 바로 옆에
수납공간을 배치했다. 거실과
이어지는 출입문을 하나 더
두어 부피가 큰 생활 집기를
보관하기도 좋다.

↑
각종 주방집기는 물론
오븐과 전자레인지, 대용량
냉장고까지 팬트리 안으로
옮겼다. 싱크와 가스레인지,
조리대만 남겨 놓은 부엌은
항상 깨끗하다.

↓
침실 벽면의 일부를 움푹 파서
갖고 있던 가구를 놓을 장소를
마련했다. 안쪽 공간에는
드레스룸을 배치.

115 수납 공간 모으기

예를 들어 거실에 길이 90cm의 수납장을 두 개 만드는
것보다 길이 180cm의 수납장을 한 개 만드는 것이 여러모로
효과적이다. 두 개로 분리하면 옆판이 4장 필요한데, 하나로 하면
3장(옆판+칸막이판)이면 충분하다.

←
거실 한 쪽에 천장까지
벽면수납을 설치. 시너합판에
클리어 락카 마감. 저렴한
비용에 원목재와 비슷한
자연스러운 결이 장점이다.

116　낮은 선반과 바구니

붙박이 수납에 서랍이나 칸막이, 문을 많이 달면 그만큼 인건비와
재료비가 추가된다. 간단히 카운터와 선반만 제작하고 시중에
유통되는 수납상자나 바구니를 활용하면 서랍이나 문 없이도
정리하기 편하다. 소재나 색을 맞추면 인테리어 효과도 얻을 수
있다.

↓
아래 선반의 바구니는 모두
'무인양품' 제품. 선반 높이를
넉넉하게 짜서 큰 바구니도
어려움 없이 수납할 수 있다.

세면실, 탈의실, 화장실 기능을 합친 위생실. 왼쪽 사진은 세면대 카운터, 아래 사진은 맞은편 수납공간이다. 모두 바구니로 소품을 정리했다.

전기, 수도, 가스 등 에너지 효율
RUNNING COST

117 공과금

집짓기를 계획하고 실행하는 동안은 공사비에 정신을 빼앗기기
쉽지만, 공과금 등의 운용비도 항상 염두에 두어야 한다. 운용비용은
가스·전기·급탕 같은 설비를 가동하는 데 드는 비용으로 집에
거주하기 시작하면서부터 당연히 지출되는 비용이다. 예를 들어
통풍이나 채광이 나쁜 땅에 지은 집은 공사비를 싸게 했어도
냉난방비가 늘어나 가계에 부담이 된다. 따라서 땅을 고르는
단계부터 여름철 바람의 방향과 겨울철 일조량 등을 반드시
고려해야 한다. 운용비를 아끼는 것이 곧 집짓기에 드는 전체 비용
절약으로 이어진다는 사실을 명심하자.

118 에너지 효율이 높은 설비

원하는 집이 있다면 설계 상담 과정에서 건축가에게 분명하게
요구해야 한다. 특히 저에너지 주택은 집의 구조나 평면이 중요한
요소이기 때문에 처음부터 말하는 것이 중요하다. '난방비 걱정을
덜고 싶다' '유지비가 경제적인 설비를 달고 싶다' 등, 원하는 바를
건축가에게 이야기하자. 건축가는 요구에 따라 채광과 통풍이
우수한 구조, 유지관리가 쉬운 설비, 에너지 효율이 높은 전기제품
등을 추천해 줄 것이다.

119 중정의 효과

바로 옆에 이웃집이 있는 주택 밀집지나 깃대모양의 대지는
채광과 통풍을 확보하기 어렵다. 이런 경우는 건물 중앙에 중정을

만드는 것이 해결책. 1, 2층 모두 정원에 면한 개구부를 만들면 밝은 태양빛이나 바람을 끌어들일 수 있어서 운용비의 절약으로 이어진다.

예시 1
마당 대신 중정으로 대지를 효과적으로 이용한 설계

남쪽은 수로, 나머지 3면은 주택으로 둘러싸인 입지에 있는 L자형 건물. 남쪽에 커다란 개구부를 내기 힘든 상황이라, 북쪽에 중정을 두고 이를 둘러싼 평면으로 했다. 덕분에 모든 방에 빛과 바람이 들고 시각적인 확장 효과도 얻었다.

↑→
거실(안쪽)과 식당,
주방(앞)은 두 공간의
독립성을 살리기 위해
중정을 끼고 조닝했다. 대신
칸막이벽이나 문을 설치하지
않아 개방감을 확보했다.
계단과 면한 남쪽 창에는 빛은
끌어들이고 시선은 차단하는
에칭유리를 사용했다.

삼면이 이웃집으로 막힌 대지에 기분 좋은 공간을 실현

주택 밀집지라는 한계를 극복하고 개방적인 3층집을 완성했다.
포인트는 건물 가운데에 만든 중정. 1층에서 3층까지 모든 방에
중정을 마주한 개구부를 냈다. 밖의 시선을 신경 쓰지 않고 삶을
즐기고 있다.

↑
집 전체에 빛과 바람을
끌어들이는 중정. 계수나무를
심어 집 안에서도 사계절의
변화를 느낄 수 있다.

↑
현관에 들어서면 중정으로
이어지는 마루가 인상적인
평면. 개구부를 높게 뚫어서
현관홀도 널찍하게 느껴진다.
중정 건너편으로 보이는
침실은 높은 측창과 낮은
측창으로 프라이버시를
지킨다.

예시 3
좁고 긴 대지에서 중정과 보이드로 개방감 확보

남북으로 좁고 긴 대지에 중정을 둔 ㄷ자형 건물. 1층은 모든 방에서
데크로 나갈 수 있는 개방적인 평면이다. 거실은 보이드를 내고 높은
측창을 달아 365일 밝은 빛이 쏟아져 내린다.

← 거실과 식당에는 남쪽으로
열린 개구부도 만들었다.
오른쪽은 아이방.

↑ 거실과 식당을 연결하는
통로에 서재를 배치했다.

120 처마

현대주택에서 처마지붕은 점차 사라지는 추세다. 하지만
직사광선을 차단하고 개구부의 열화를 막는 등 처마는 중요한
역할을 한다. 아무리 시공비를 낮춰도, 나중에 개보수 비용이 많이
들면 좋은 집이라고 할 수 없다. 처마를 적절히 사용해 개보수 및
운용비를 줄이는 방법을 고려하자.

→
처마가 여름철의 강한
직사광선을 차단한다. 또 2층
발코니로 비가 들이치는 것도
막아준다. 여름철 자외선
차단효과를 고려한다면 처마
길이는 90cm가 적합하다.

121 미늘창

미늘창은 필요에 따라 창살의 각도를 조절할 수 있고 안에서는
밖을 볼 수 있지만, 밖에서는 안이 보이지 않는 효과도 있다. 여름에
각도를 높여 놓으면 직사광선을 차단해 실내 온도가 올라가는
것을 막아준다. 자외선 차단 효과는 실내에 설치하는 커튼이나
블라인드에 비해 10배 우수. 겨울철에는 창살을 열어 빛을 더
끌어들이거나 간단하게 창살을 제거할 수도 있다.

←
자외선 차단과 오염방지
기능도 함께 갖춘 미늘창.

RUNNING COST
전기, 수도, 가스 등 에너지 효율

단열공사

저에너지 주택의 기본은 단열공사. 지붕 아래와 천장 안쪽, 외벽, 바닥면에 단열재를 꼼꼼히 채우는 것이 중요하다. 단열은 냉난방 비용뿐 아니라 결로현상에도 영향을 미친다. 결로는 건물 안팎의 온도·습도 차이로 인해 내부에 물기가 맺히는 현상으로, 해가 들지 않는 북사면 창에 주로 발생한다. 원인은 창호나 벽 단열 시공 과정에서 틈이 발생한 경우가 대부분이다. 단열이 잘된 건물은 결로도 발생하지 않고 내구성도 좋다. 단열재의 효과는 종류와 두께에 따라 차이가 크다. 단열은 살고 있는 곳의 기후보다 더 춥고 더운 곳을 기준으로 삼는 것이 좋다.

예시 1
1년 365일 내내 쾌적한 집

설계의 특징은 경질우레탄 소재의 단열재로 건물을 감싸는 공법.

↑
외관의 형태가 단순한 집은
우레탄 소재로 건물 외벽을
감싸기가 수월하다.

↑
경질우레탄 단열 시공으로
상하층의 온도차가 없다.
창은 전부 단열효과가 우수한
이중유리로 마감.

←
경질우레탄 단열재는
단열뿐만 아니라 차음 효과도
우수하다.

123 천창

건축법은 창의 크기를 바닥 면적의 10분의 1 이상으로 규제하고, 이상적인 크기는 바닥 면적의 4분의 1 이상이다. 하지만 벽면에 창을 내기 힘든 주택 밀집지에는 천창을 통해 효과적으로 빛을 끌어 들일 수 있다. 건축법도 천창의 채광량을 벽창의 3배로 계산한다. 전동개폐장치나 우천 감지센서를 단 전용 창호도 있다.

↑
2층 북쪽에 주방 겸 식당을 배치했다. 결로에 취약한 공간이기 때문에 벽창은 최소화하고 천창을 달았다.

↓
주택밀집지라는 조건을 고려해 화장실 벽면에 창을 내지 않았다. 대신 천창을 설치했다.

124 내부 마감재 컬러

벽·천장·바닥 마감재를 옅은 색으로 하면 그만큼 방이 밝아지고,
창의 위치나 조명의 수와 위치를 정하기도 한결 수월해진다. 벽이나
천장은 흰색, 크림색, 아이보리색 계통. 바닥은 밝은 내추럴톤이
효과적. 가구를 고를 때도 같은 공식을 기억하자!

← ↑
남쪽에 창이 없는 식당과
주방. 대신 벽·문틀·걸레받이
일체를 흰색으로 통일하고
바닥은 도장하지 않은 미송를
사용했다. 동·북·서쪽
창으로 들어오는 빛이 벽과
바닥에 반사되어 채광이
충분하다.

125 LED 조명

일반가정에서 소비하는 전기의 5분의 1은 조명. 형광램프나
LED램프는 소비전력과 탄소배출량이 낮아 에너지절약과
환경보호를 동시에 실천할 수 있는 대안이다. 특히 LED램프는
백열전구에 비해서 전력 소모는 10분의 1, 수명은 40배에 달한다.

←
서재의 조명 방식은
다운라이트로 시공하고,
램프는 LED를 달았다.

126 복층유리

복층유리란 두 장의 유리 사이에 공기층을 만들어 단열성과
기밀성을 갖춘 제품이다. 복층유리는 가격이 조금 비싸지만
한 장으로 된 유리에 비해 외부 온도의 영향을 덜 받기 때문에
장기적으로는 냉난방 비용을 절약할 수 있다.

←
거실과 식당의 커다란
개구부를 포함한 모든 창을
복층유리로 마감했다.

전열 기구

흔히 인덕션이라고도 부르는 IH(Induction Heating)레인지는
냄비를 올려놓으면 자력선이 발생해 냄비 자체의 저항으로
가열되는 방식이다. 할로겐레인지는 전기를 열원으로 한 조리설비.
둘 다 방열이 적기 때문에 실내 온도에 큰 영향을 미치지 않는다.
여름철 냉방비를 아낄 수 있는 포인트. 또한 가스레인지처럼 기름이
튀거나 연기가 피어오르는 경우도 적어 벽이나 천장을 깨끗하게
관리할 수 있다.

← 넓은 카운터에 싱크와
IH레인지를 빌트인한 열린
주방.

128 배기와 급기

레인지후드는 조리과정에서 발생하는 연기와 열기를 외부로
배출하는 역할을 한다. 이때 동시에 실내로 들어오는 급기량이
부족하면 실내 온도에 영향을 미친다. 급배기형 후드는 배기에
맞추어 급기도 동시에 하기 때문에 실내 온도를 바꾸지 않고 환기할
수 있다.

열교환기능이 탑재된 최신
레인지후드. 흡기구에는
기름기를 닦아내기 쉬운
비닐크로스 필터를 부착했다.
미쓰비시전기 제품.

129 열교환 환기장치

일반적으로 환기장치를 사용하면 외부의 공기가 유입되므로 실내
온도 조절이 어렵다는 단점이 있다. 환기장치 시공을 계획한다면
외부 온기를 가열해 실내로 공급하는 열교환 설비를 고려하자.
환기에 의한 열의 손실이 적기 때문에 에너지 소비를 줄일 수 있다.

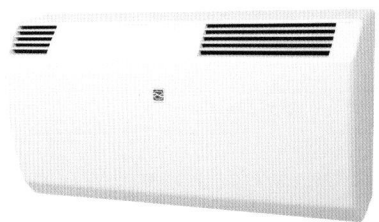

열 손실 없이 실내공기를
환기시킬 수 있는 열교환
환기장치. 가동음이 작기
때문에 침실 등 어느 공간에도
어울린다. 미쓰비시전기 제품.

130 절수형 변기

일반 변기는 한 번 물을 내리는 데 9리터 이상 소모되는 데 비해
절수형 변기는 6리터에 불과하다. 비데 기능이 더해진 제품도
있으니 참고하자. 국내에도 2012년 7월을 기해 신축건물의 물
사용량 기준이 강화됐다. 절수기준 강화안에 따르면 양변기는 1회당
사용수량을 최대 15L에서 6L로, 소변기는 기존 최대 4L에서 2L로
강화되었다. 기존 1회당 13L를 사용하던 양변기를 6L 절수형으로
교체하면 전국적으로 연간 3,134만 톤의 수돗물 절수가 가능하다고
한다.

↑
좁은 공간을 고려해 세면대를
벽 속에 매입하고, 양변기는
탱크가 없는 제품을 사용했다.

↑
탱크가 없는 절수형 변기.
세면대 카운터는 휴지걸이
일체형.

외부 마감재

비나 햇빛 등 외부 자극에 노출된 외벽은 내장에 비해 손이 많이
간다. 외벽 마감은 몰탈이나 미장으로 마감하는 습식법과 타일이나
사이딩을 붙이는 건식법으로 구분되는데, 언제든 덧바를 수 있는
몰탈이나 뿜칠 마감, 내구성이 뛰어난 갈바륨 동판 등을 추천한다.

↑
철제 상자를 세워놓은 듯한
독특한 외관. 외벽 마감은
내구성이 좋고 유지·관리가
편한 갈바륨 동판을 붙였다.

↓
회벽으로 마감한 새하얀 벽에
삼각 지붕이 이국적인 느낌을
준다.

자연소재 외벽

주차장은 콘크리트 포장이 일반적이지만 여름에 햇빛을 받아
뜨거워지는 것을 생각하면 반드시 최선이라고는 할 수 없다.
흙바닥에 식물을 심거나 침목 등의 자연소재를 깔면 열기를 흡수는
것을 물론, 자연을 느낄 수 있어 일석이조. 식물이 상하는 것이
걱정이라면 격자로 된 플라스틱패널로 보강하는 방법도 있다.

↑
진입로를 회색 침목으로
마감. 바닥이 단단하지 않아
아이들의 좋은 놀이터가
되었다.

RUNNING COST
전기, 수도, 가스 등 에너지 효율

Part 2
견적·계약·설계 체크포인트

집을 짓기로 결심했더라도, 막상 수많은 서류와 도면을 처리하는 과정에서 골치를 앓는 사람들이 많다. 수많은 견적서, 계약서, 설계도서 등 평소에 익숙하지 않던 서류는 거의 해독이 필요한 수준. 그러다보니 "집을 짓다 10년 늙는다"는 한탄이 나오기도 한다. 그럼에도 불구하고 각종 견적·계약서와 설계도서를 확실히 이해해야만 불필요하게 돈이 새는 것을 막을 수 있다.

이 장에서는 집짓기와 관련된 견적·계약서, 그리고 설계도서를 올바르게 읽어내기 위한 체크포인트를 제공한다. 반드시 알아야 하는 점들을 다시 한 번 확인하자.

견적의 기초

견적이란 집을 짓기 위해서 어느 정도 비용이 드는지를 사전에
산출하는 것이다. 다시 말해 견적을 내는 과정은 그 집을 정의하는
과정이라고도 할 수 있다. 보통의 경우 시공사를 통해 예상되는
비용을 책정 받는데, 단순히 총액만 확인하기 보다는 세부 항목들에
대한 꼼꼼한 확인이 필요하다.

133 하우스메이커 vs 공무점

하우스메이커와 공무점(건축사사무소에 설계를 의뢰하는 경우에도
공무점의 견적이 된다)은 설계와 공사를 진행하는 방식이 다르기
때문에 개략 견적이나 본견적의 시기, 견적서의 형식이 전혀 다르다.
각각의 차이와 포인트를 알아보자.
　　　하우스메이커의 견적서는 '건물공사비'와 '부대공사비',
'제경비' 등으로 크게 나누어져 있다. 건물공사비란 집 본체에
드는 비용으로 그 외의 지반개량공사비, 옥외전기공사나
옥외급배수공사, 가스공사, 냉난방공사 등은 부대공사비가 된다.
여기서 주목해야 할 것은 건물공사비가 '일식'으로 표시된다는 점.
이런 경우에는 표준사양이 처음부터 정해져 있기 때문에 명세를
붙이지 않는 경우가 많다. 단, 표준사양에 추가나 변경이 있는
경우는 옵션으로 하나씩 기록하여 더해 나가는 방법을 취한다. 옵션
추가로 가격이 대폭 상승하는 경우도 있기 때문에 표준사양은 어느
정도로 어디까지 포함하는지를 확인하여 옵션 필요 여부를 꼼꼼히
검토하자.
　　　한편, 공무점의 견적서는 하우스메이커의 일식표시와 달리
공사비별로 계산되어 나타나고 공사비내역서, 공사비 내역명세서가
세트로 묶여 있다. 공사비내역서에는 건물공사비와 부대공사비가
따로 표시되고 거기에 공사내용을 분류한 항목과 금액이 더해져
있다. 이 내역서를 더욱 세분화한 것이 공사비 내역명세서이다.
예를 들어 가설공사에 드는 금액으로 준비비, 수평을 재는 비용,
가설수도설비비, 가설전기설비비, 외부·내부 비계설치비와 같이
공사에 관계되는 모든 항목의 수량, 단가, 금액이 명기되어 있다.

134 견적 의뢰

자기자금과 주택대출의 상환액을 검토한 후에 건물에 드는 금액을 설정하는 것이 보통인데, 주의해야 하는 것이 설계를 시작할 때에 담당자에게 얘기하는 예산이다. 공사예산은 '준비할 수 있는 자금의 80~90% 정도'로 생각해야 한다. 많은 경우 건축주가 제시한 예산의 한도에 꽉 맞춘 견적을 제시하기 때문이다. 따라서 가용 금액의 10~20% 정도를 예비자금으로 남겨두는 것이 좋다. 언제 어떤 변경공사가 발생할지 예상할 수 없고, 심지어 공사를 진행하다가 추가하거나 더 고급 제품으로 변경하고 싶은 설비가 생기거나 벽지나 바닥재의 수준을 높이고 싶을지 모르기 때문이다.

세부 내역서

원칙적으로 시공 계약은 건축주와 시공자 간에 이루어지는 것이기 때문에 견적 의뢰의 주체 또한 건축주이다. 하지만 단순히 총액을 가지고 비교하기보다는 세부 항목을 비교하는 것이 좋기 때문에 건축가가 중간에서 조언을 해야 할 필요가 있다. 시공자가 제출하는 견적서에는 세부 내역서가 포함되는 경우가 많다. 이때 건축가는 건축주가 공정별로 꼼꼼히 비교할 수 있도록 도움을 준다.

135 공사내역서

공사내역서에는 기본적으로 공정별 자재와 제품 정보, 제품 사용물량, 제품의 단가와 노무비가 포함되어 있다. 표준적인 내용으로는 물량산출서(어떤 자재를 얼마만큼 사용하는지 물량을 계산한 표), 단위단가조사표가 있지만, 보통 단독주택에는 첨부되지 않는 경우가 많다. 소규모 단독주택의 경우에는 물량산출을 적으면 그 때문에 오히려 비용이 상승할 수 있다. 왜냐하면 현장에서 조금씩 더 경제적으로 운용할 수 있는 방안이 제시되는 경우가 많기 때문이다.

건축가가 예가(건축예정가격)를 미리 산출해서 건축주에게 제출한 다음, 건축주가 시공사를 선정할 때 예가와 시공사의 비교견적을 통해 시공비를 결정하는 것이 가장 모범적인 사례이다. 하지만 단독주택 작업에서는 예가를 먼저 제시하는 경우가 드물다. 왜냐하면 전문 견적회사로 하여금 예가를 산출하도록 외주를 맡겨야 하는데, 그 비용이 만만치 않기 때문이다. 그래서 예산 산출을 전문적으로 하지 않고 건축가의 경험을 바탕으로 시공사와 검토, 협의하는 경우가 대부분이다. 만약 객관적인 예가를 받고 싶다면 계약 사항에 포함시키자.

136 견적의 주요 항목

세부 견적이 아닌 공정별 견적을 제출하는 경우 오해가 생기기 쉽다. 세부 견적은 각 공정별 하위 공정에 대한 내용과 물량, 단가 등이 자세히 포함되어 있다. 오히려 공정별 견적서보다 세부 견적서일 경우 건축가는 건축주에게 공사 전반에 대한 비교 등 견적에 대해 조언하기가 수월하다. 그렇지 않으면 건축가도 전체 필요한 예산 규모를 예측하기 힘들고, 추가적인 검증이 필요해진다.

주요 공사내용과 각 항목별 범위

가설공사	건축 중에 필요한 비계나 전기·수도 공사 등
토공사	정지나 기초공사 등 흙과 관련된 공사
지정 및 기초공사	기초를 지지하기 위한 자갈, 버림콘크리트 등의 공사
지붕·홈통공사	지붕바탕, 지붕잇기, 홈통 등의 공사. 처마, 천창의 공사도 포함
금속공사	손잡이, 점검구 등 지붕의 판금이나 창호를 제외한 모든 금속공사
목공사	구조에서 마감까지 목재를 사용하는 모든 공사. 가장 범위가 넓음
미장공사	외부·내부의 몰탈이나 회벽·규조토 등의 공사
금속재 철물공사	알루미늄이나 스틸을 사용하는 창이나 문의 설치공사
목재 창호공사	주요한 목재 창이나 문 등의 설치공사
내장공사	벽이나 천장 등의 벽지, 플로링 등 내부를 마감하는 공사
단열공사	벽이나 천장, 바닥에 글라스울이나 발포우레탄 등을 이용하는 공사
붙박이가구 공사	벽면이나 옷장 등에 가구를 설치하는 공사

비교견적

견적은 회사마다 독자적인 산정방식이나 서식을 쓰는 것이
일반적인데 복수의 견적을 비교할 때는 항목을 꾸리는 방식이나
내용 같은 조건을 전부 똑같이 하지 않으면 의미가 없다. 이를 위해
각 회사의 견적을 한눈에 볼 수 있도록 표를 만들어 비교하자.
몇 개의 회사에서 견적서를 받아보는 비교견적은 동일한 조건으로
의뢰하는 것이 포인트. 가장 적합한 회사를 결정하는 방법은 총
금액만을 보고 비싸다 싸다를 판단하는 것이 아니라 견적에서 돈이
새거나 내역에 빠진 것은 없는지 등을 종합적으로 평가해 범위를
좁혀보자.

137 평당 견적

예전처럼 주먹구구식으로 공사비를 산정하는 경우가 많이 줄었다고
하지만, 아직도 적지 않은 곳에서 평당 300, 400만 원이라는 말로
견적을 제시하는 경우가 있다. 개략 산출 견적의 단계에서도 상세한
견적을 제출받아 항목별로 체크를 하고, 계약 시의 최종 견적에서는
공사비내역명세서도 반드시 받아보도록 한다. 견적 금액의 체크는
지역의 시세가 단서가 되기 때문에 몇몇 회사에서 비교견적을 받는
것을 추천한다.

138 건축가와 시공자의 협력

건축가의 입장에서도 어떤 시공자를 만날지 전혀 모른다면 설계가
힘들다. 상세도면을 시공자가 이해 못하는 경우도 있고, 비용 상승의
원인이 되기도 한다. 반대로 설계 과정에서 건축가와 시공자의
협력이 가능하다면 효과적으로 건축비를 제어하면서 디테일도
제대로 구현할 수 있다.

　　　이때 건축주와 건축가, 시공자 사이의 신뢰가 전제되어야
한다. 대형 건축의 경우 시공능력이 비슷한 대형건설사가 참여하고
설계도서가 정확하게 품질 수준을 제시하고 있다는 전제 하에 가격
입찰을 진행한다. 하지만 단독주택의 경우 2~3명 데리고 일하는

작은 회사에서부터 중견회사까지 다양한 유형의 시공사가 참여하기 때문에 동일한 설계도서를 가지고도 이들 간에 비용이 달라지곤 한다. 건축가 입장에서는 규모도 크고 시공 능력이 좋은 회사가 참여하는 것이 편하고 안정적이다. 하지만 그 경우 공사비가 높아지므로, 수준이 떨어지더라도 작은 회사를 선택해 같은 비용에 조금 더 좋은 재료나 디테일을 활용하는 것이 더 좋은 선택일 수 있다.

몇몇 회사에서 견적을 받아 공사금액을 비교하는 것은 그 지역의 시세와 관련이 있고 적정 가격을 아는 수단이 된다. 비교견적을 받으면 최적의 업자를 선택할 수 있고 또 비용조정도 편해진다.

139 비교견적 의뢰

2~3개 업체에 견적을 의뢰하는 경우, 두 가지를 명심하자. 첫째, 비교견적을 의뢰했다고 시공자에게 분명하게 밝힐 것. 둘째, 요구사항을 통일할 것. 여러 업체의 견적을 비교한 뒤 업체를 선정하겠다고 밝히면 경쟁을 유발시켜 보다 경제적이고 계획적인 견적을 산출할 수 있다. 요구사항을 통일하는 것은 같은 조건으로 만든 평면이나 견적이 아니면 비교하는 의미가 없기 때문이다. 'LDK는 10평' '아이방은 나중에 분할할 수 있는 평면' '충분한 수납공간' 등 구체적인 요구사항도 얘기하는 것이 중요하다. 또한 예산이나 가족 구성, 라이프스타일 등을 한눈에 알아볼 수 있도록 정리하면 건축주의 요구사항을 분명하게 전달할 수 있다.

140 견적 비교 일람표

각 업체에서 받은 개략적인 견적을 비교 검토하여 한 군데로 결정할 때는, 각 업체의 견적을 일람표로 정리하자. A사, B사, C사 란을 만들고 각각의 항목별로 금액을 기입한다. 그렇게 함으로써 총액과 항목별 차이는 물론 평면이나 공사내용에 요구사항이 반영되었는지도 한눈에 알 수 있다. 견적의 비교는 건축주에게 수고스러운 작업이지만 나중에 후회하지 않기 위해 꼭 실천할 것을 추천한다.

141 견적 비교표 체크

견적의 조정은 각 회사의 견적에 빠진 부분이 없는지를 체크하고 비교·검토하는 작업이다. 오른쪽에 제시된 견적 비교표의 예는 중간을 생략하고 있지만 실제로는 50여 개의 항목이 있다. 각 항목의 가로열을 보면 가장 비싼 공무점이 어디인지 한눈에 알 수 있다. 값을 비교하기 쉽도록 최고치와 최저치에 표시(이 예에서는 ★과 ☆로 나타내고 있다)를 한다. 최저치의 경우도 내용을 상세히 체크한다. 결과를 각 시공사의 비고란에 정리한다. 예산에 맞추었는지 여부는 이 작업의 정밀도에 따라 정해진다고 할 수 있다. 건축가에게 견적서의 감수를 부탁할 경우 초보자는 파악하기 어려운 부분까지 체크할 수 있다는 장점이 있다. 하지만 이 경우에도 각 회사의 견적을 체크하는 과정에 반드시 건축주도 함께 할 것을 권한다.

견적 비교표
오른쪽의 견적 비교표는 주택 신축공사에 실제로 사용한 예이다. 비교하기 좋도록 최고가에 ★를 붙인다. 최저가에도 ☆마크를 한다.

건축주가 요구한 예산을 공사별로 배분. 설계사무소의 경험과 적산자료 등을 참고하여 적정가격이라고 생각되는 금액을 게재

각 시공사의 공사금액을 면밀히 검토하여 금액이 적절한지 확인. 지정재료를 사용하고 있는지, 부재 기입에 빠진 것은 없는지 등을 유념한다.

No.	항목	예산분배 (¥)	1) A공무점	2) B사	4) C사	4) D공무점	비고
A	건축공사						
	직접가설공사	540,000	603,270	465,238	☆232,400	★761,122	
	토공사	180,000	☆298,400	485,734	539,000	★2,348,300	
	지정 및 기초공사	180,000	☆147,500	290,837	387,717	★	
	콘크리트공사	450,000	793,750	☆653,305	771,250	★	
	철근공사	180,000	375,000	☆274,182	391,620	★	
	철골공사	0	203,000	☆95,000	★214,000	0	
	조적공사	0	0	0	0	0	
	방수공사	90,000	☆115,000	548,860	★758,000	645,420	
	석공사	90,000	0	0	0	0	
	타일공사	180,000	★300,500	258,420	☆157,350	203,720	
	지붕·홈통공사	540,000	★692,500	☆46,000	541,950	193,600	
	금속공사	126,000	★606,310	499,900	0	☆496,560	
	목공사	5,670,000	4,669,850	5,447,624	★5,580,857	☆4,165,600	
	미장공사	720,000	☆362,500	★926,041	486,450	625,190	
	금속제 철물공사	1,080,000	★1,898,200	1,335,935	☆884,250	1,359,470	
	목제 창호공사	540,000	☆731,600	869,260	862,200	★940,140	
	유리공사	72,000	☆69,000	178,440	★530,880	172,100	
	도장공사	576,000	☆647,500	759,245	★1,106,350	933,340	
	내장공사	90,000	569,000	613,300	☆313,158	★1,218,731	
	단열공사	126,000	321,000	☆187,200	219,800	★868,440	
	붙박이가구공사	900,000	1,068,200	★1,391,800	☆906,000	1,187,000	
	잡공사	900,000	874,000	663,100	☆187,045	★1,493,850	
소계		13,230,000	15,346,080	15,989,421	☆15,070,277	★17,612,583	
B	전기설비공사	900,000	1,290,100				
	전기인입설비공사			98,570			
	수변전설비공사						
G	제경비	1,440,000	★1,650,000	1,330,000		☆1,200,000	
	현장경비				700,000		
	일반관리비				1,300,000		
	절사			▲32,863		▲80,393	
소계		1,440,000	1,650,000	1,297,137	★2,000,000	☆1,119,607	
	합계	18,000,000	☆22,205,260	22,500,000	22,784,900	★23,400,000	
	소비세	900,000	1,110,263	1,125,000	1,139,245	1,170,000	
총합계		18,900,000	☆23,315,523	23,625,000	23,924,145	★24,570,000	

No.	항목	예산분배	1) A공무점	2) B사	3) C사	4) D공무점	비고
	평가		△	○	△	△	
최저가와의 차액 (세금포함, ¥)			0	309,477	608,622	1,254,477	
예산과의 차액 (세금포함, ¥)			4,415,523	4,725,000	5,024,145	★5,670,000	

4개 회사 가운데 총합은 가장 썼지만, 몇 군데 빠진 항목이 있다.

총 합계액이 두 번째로 썼지만, 견적이 빠진 곳이 없고 내용이 정확해 업체로 선정.

견적에서 빠지거나 내역이 없는 사항, 지정한 재료와 다른지 등의 세부 비교 결과를 기입하자. 이후 건축비 추가 경감 계획도 미리 작성해 두는 것이 좋다.

계약

토지를 구입하고, 설계를 맡기고, 시공자를 선정하고, 대출을 받는 등 집을 짓는 여러 단계마다 맺은 약속과 그것을 법률로 성립시킨 것을 '계약'이라고 한다. 어떤 계약이든지 해당 내용에 납득할 수 있을 때까지 서두르지 말고 신중하게 진행하는 것이 중요하다.

142 가장 중요한 4가지 계약

집짓기에 관계되는 주요 계약으로는 토지매매 계약, 건축설계·감리업무위탁 계약, 공사청부 계약, 금융 관련 대출 계약, 이렇게 4가지가 있다.

'토지매매계약'이란 토지를 파는 쪽과 사는 쪽이 맺는 계약으로 부동산 회사가 중개하여 계약하는 경우가 대부분이다. 토지의 소재지와 면적을 명확히 하여 매매가격, 지불조건, 소유권이전등기의 시기, 한쪽의 사정으로 해약이 된 경우의 처치 등을 약속한다.

'건축설계·감리업무위탁계약'이란 건축가에게 설계를 의뢰한 경우, 건축가와 건축주가 맺는 계약이다. 건물의 형태를 도면으로 옮기는 설계 작업, 공사비 견적과 비용관리, 공사가 도면대로 진행되는지를 관리하는 공사감리 등이 주요한 업무 내용이다. 2008년에 건축사법이 개정되면서 중요사항 설명 등이 의무화되었다.

'공사청부계약'이란 시공자와 건축주가 맺는 계약이다. 공사내용, 청부대금의 액수, 공기, 지불조건 등을 정하고 계약 시에는 도면과 시방서를 첨부한다.

'대출 계약'이란 주택대출을 신청하여 융자가 결정된 후에 금융기관과 맺는 계약이다.

143 건축설계·감리업무위탁계약

건축가에게 설계를 의뢰할 경우 설계는 건축사사무소에 공사는 공무점에 의뢰하며 각각 계약을 맺어야 한다. 이중에 건축사사무소와 맺는 것이 '건축설계·감리업무위탁계약'이다.

주된 업무내용은 세 가지로, 건축주의 희망을 들으면서 초기단계에서 제안하는 '기본설계업무'와 기본설계를 기초로 상세한 도면과 시방서를 작성하고 견적을 조정하는 '실시설계업무', 그리고 공사가 잘 진행되고 있는지를 감리하는 '공사감리업무'이다.

명칭은 조금 어렵지만 핵심은 건축주의 희망을 도면으로 작성하고, 예산에 따라 공사비의 견적 금액을 조정하고, 공사가 도면대로 되고 있는지를 체크하는 것으로 정리할 수 있다.

144 설계비

설계 계약서에는 설계업무에 대한 '설계감리업무보수'(일반적으로 설계비라고 한다)의 금액이나 지불 시기 등도 명기되어 있다. 설계비는 설계자의 실적, 경력, 유명도 등에 따라 책정된다. 또 건물의 규모, 구조, 입지, 설계의 난이도, 직원의 인건비 등까지 고려해서 정하는데, 보통 건축공사비의 10~15%인 경우가 많다.

지불 시기는 계약시, 기본설계시, 준공시 3번으로 나누어 지불하는 경우가 일반적인데, 건축가에 따라 지불 시기가 다른 경우가 있으므로, 계약시 계약서에 지불 시기까지 명시하는 것이 좋다.

145 공사청부계약

공사에 관한 내용은 시공사와 '공사청부계약'을 체결하게 된다. 시기는 본견적이나 실시설계 후에 하는 것이 일반적이다. 계약시에 시공사가 준비하는 주요 서류로는 공사청부계약서, 계약약관, 본견적서, 설계도서, 공정표 등이 있다.

공사청부계약서에는 계약의 기본적인 내용이 명기되어 있다. 계약약관에는 공사를 진행하면서 트러블이 발생했을 경우의 처리 방식이 쓰여 있다. 본견적에는 공사의 내용, 부재의 단가 등을 알 수 있는 내역명세서가, 설계도서는 평면도나 단면도, 전개도 등의 도면일식과 시방서가 정리되어 있다.

146 확인사항

우선 필요한 서류가 모두 갖춰졌는지 여부이다. 계약약관은
초보자는 이해하기 어려운 말로 쓰여 있는 경우가 많기 때문에
미심쩍은 부분에 대해서는 이해가 될 때까지 충분한 설명을
요구한다.

준공일이나 인도일, 공사비의 지불기일 등이 명시되어
있는지도 체크한다. 준공일이나 인도일의 표기가 '착공 〇〇일
이내에 준공' 등으로 모호하게 작성되었다면 재작성을 요구하자.
기후나 추가공사 등으로 연기될 가능성이 있기 때문에 정확한
날짜로 표기해 두어야 나중에 문제가 발생했을 때 책임소재를
분명히 할 수 있다. 또한 건축허가신청이 승인되었는지도 중요하다.
만일 허가가 나지 않으면 공사를 시작할 수 없다.

주택대출은 일반적으로 계약시에 신청하는데, 만일 심사가
통과되지 않으면 공사 계약이 무효로 돌아갈 수 있다.

147 계약약관의 의미

약관은 공사 진행 과정에서 트러블이 발생할 경우 대처법 등을
약속한 것이다. 통상 시공사가 작성하고 건축주는 그 내용에
동의하는 방식이다.

대략적으로 내용을 설명하면 공사 청부자가 설계도대로
공사하는 것, 일괄하여 하청을 받는 것, 공사가 설계도와 다를 경우
수정하는 것, 공사기간 중 책임소재, 거기에 보증기간이나 어떤
보험에 가입되어 있는지 등이 명기되어 있다. 시공사에 유리한
내용으로 되어 있는 경우가 많기 때문에 불안한 항목이 있다면
확인할 것을 권한다. 더불어 공사비의 지불시기와 예정보다 시공
기간이 늘어나서 건축주가 피해를 보게 된 경우의 보상에 관한
'지체보상금'도 계약서에 포함되어 있는지 확인하자. 마지막으로
준공이 나고 시공사에 잔금을 치른 뒤, '하자보증보험 증권'을
반드시 발급받자.

148 계약 후의 변경

공사청부계약을 한 후 경미한 설계변경이 다소 발생하기도 한다.
하지만 큰 범위의 변경은 가능하면 피하는 것이 좋다. 실시설계가
완료된 후의 설계변경은 경우에 따라서 변경공사에 동반하는
비용이 발생하고 총 비용이 크게 상승할 가능성이 있다. 더욱이
건축허가가 난 후 설계변경 신고에 해당하는 사항(건축법 시행령
제12조)이라면 추가로 드는 비용이 만만치 않다.

설계도서 체크포인트

설계도서는 공사의 시공에 필요한 설계도와 시방서 및 이에 따르는
구조계산서와 설비 관계의 계산서를 말한다. 건축가는 시공의
품질과 공사비에 대한 정학한 기준이 되는 설계도서를 제출한다.
건축주는 도면만 보고 앞으로 살게 될 건물의 입체를 상상하기
어렵기 때문에 설계자의 어드바이스를 받으면서 모든 도면을 보고
건물의 모습을 파악한다.

149 설계도의 단계와 종류

설계는 크게 4가지 단계로 구분할 수 있다. 첫 단계는 설계 계약
전에 건축가를 만나 땅의 상황과 건축주 요구조건 등을 공유하고
설계에 대한 기본적인 방향을 정하는 '계획설계'이다. 그 다음
설계 계약 후 건축주와 건축가가 충분한 시간 여유를 가지고
지어질 건축물과 공간에 대해 의논하고 기초적인 설계를 확정
짓는 '기본설계' 단계이다. 기본설계가 정해지면 '실시설계' 작업에
들어간다. 실시설계도란 기본설계의 문제점을 보완해서 작성하는
허가용 도면이자 최종 공사용 도면이다. 이때 구조, 설비 등의 각종
계산서 및 공사 전반에 대한 시방서 등이 함께 작성되어야 한다.

마지막으로 '샵드로잉'은 공사 중에 설계도면에 기준하되
현장 실측과 적용된 기술을 반영한 상세도면, 또는 즉흥적인 상황에
대응하기 위해 그리는 도면을 말한다. 현장에서 벌어지는 수많은
다양한 상황에 따라 실시설계를 미묘하게 변화시켜야 하는 경우,
샵드로잉으로 건축가, 시공자, 건축주가 내용을 공유하고 정확한
변경을 확인한다.

설계도서에는 평소에는 쓰지 않는 전문용어나 기호가
다수 기재되어 있어 처음 보는 사람에게는 난해한 부분도 있을
것이다. 모르는 부분은 설계자에게 질문하여 도면을 보면서 완성된
집을 상상하는 등 건축주도 집짓기에 적극적으로 참여하자. 동시에
도면에 나온 부재나 스케일감도 체크하여 요구사항을 설계자에게
전달해두자.

입면도

건물의 외관을 동서남북의 4면에서 본 것이 입면도. 입면도를 보면
완성된 집의 겉모습을 상상하기 쉽다. 현관문과 창, 발코니, 펜스의
위치 등을 알 수 있을 뿐 아니라 지붕의 구배와 재료, 외벽에는 어떤
재료를 썼는지도 기록되어 있다. 특히 집의 얼굴이라고도 할 수
있는 현관 주변이 어떤 디자인으로 되어 있는지도 확실히 체크하자.
또한 놓치기 쉬운 차양이나 홈통의 유무도 이 도면에서 확인해두자.
그리고 북측사선제한이나 도로사선제한 등에 대해서도 기입되어
있으니 주위와의 관계를 확인하자.

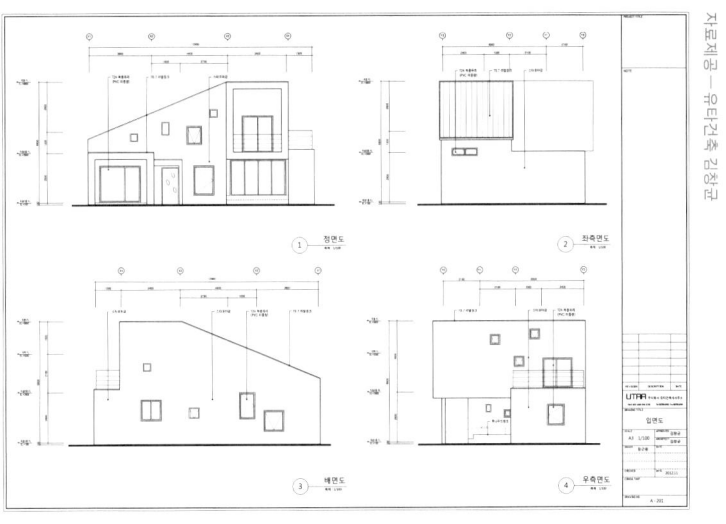

평면도

일반적으로 말하는 방배치도로, 건물의 각 층을 수평으로 잘라
위에서 내려다본 상태를 나타낸다. 방의 넓이, 각 방의 연결,
벽이나 문, 붙박이가구의 위치 등을 확인할 수 있다. 넓이나 높이를
구체적으로 파악하려면 기입된 숫자를 확인한다.

　　　각 방의 위치와 이동 동선이 어떻게 구획되었는지에 따라
단독주택 생활의 편리가 결정된다. 도면을 보면서 실제로 산다고
생각으로 현관 LDK 각방의 순서를 눈으로 쫓아가보자. 이때
문이나 계단의 폭은 충분한지, 부엌의 넓이는 두 사람이 지나다닐
수 있을 정도로 여유가 있는지, 화장실이나 욕실의 넓이는 충분한지,
붙박이가구 등의 폭과 치수도 확인한다. 상하층의 이동이나 채광,
통풍에 관계되는 창의 위치도 파악한다.

전개도

방의 중심에서 4면의 벽을 한 면씩 본 상태를 표현한 것이 전개도이다. 창이나 문, 붙박이가구의 위치 등, 내장이 어떻게 디자인되었는지 알 수 있다. 평면도에서는 확인하기 어려운 바닥에서의 높이, 벽에서의 거리까지 확인할 수 있다. 특히, 수납가구의 높이, 스위치와 콘센트, 에어컨과 그 조정장치의 높이 등은 가구의 배치와도 관계되기 때문에 꼼꼼히 체크한다.

작업의 편리성이 중요한 부엌은 조리대의 높이, 상부장의 위치에도 주의하자. 벽에 텔레비전 장식장이나 책상을 둘 예정이라면 창의 높이가 적절한지를 확인하고 소파가 창이나 문틀에 걸리지 않는지도 봐두자.

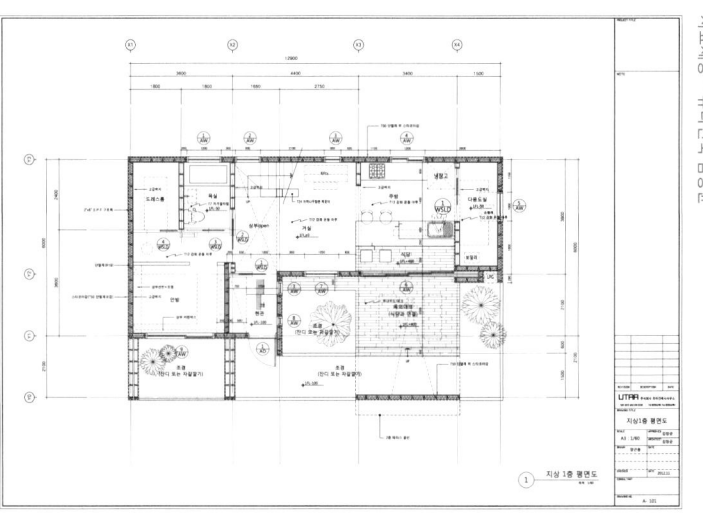

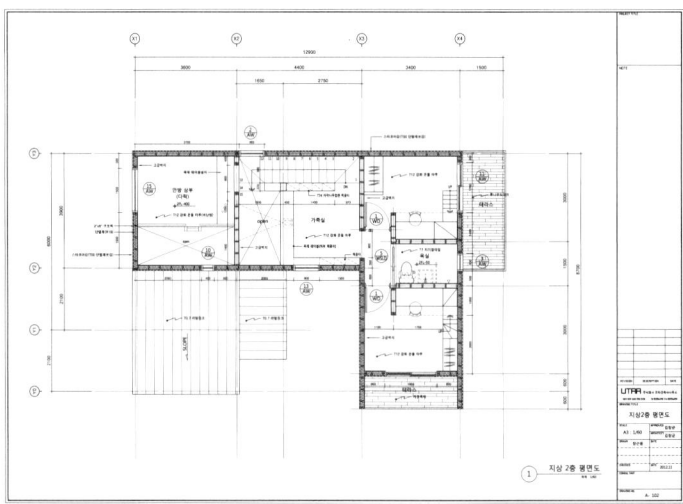

단면도

건물을 수직으로 잘라 각 방의 높이와 처마의 높이 등 건물의 높이를
표시한 도면이다. 방별 높이를 나타낸 전개도와 비슷하지만 건물
전체의 단면을 볼 수 있기 때문에 창이나 문 높이를 균형 있게
파악할 수 있다. 또한 스킵플로어를 적용한 상하층의 연결을 알기
쉽다.

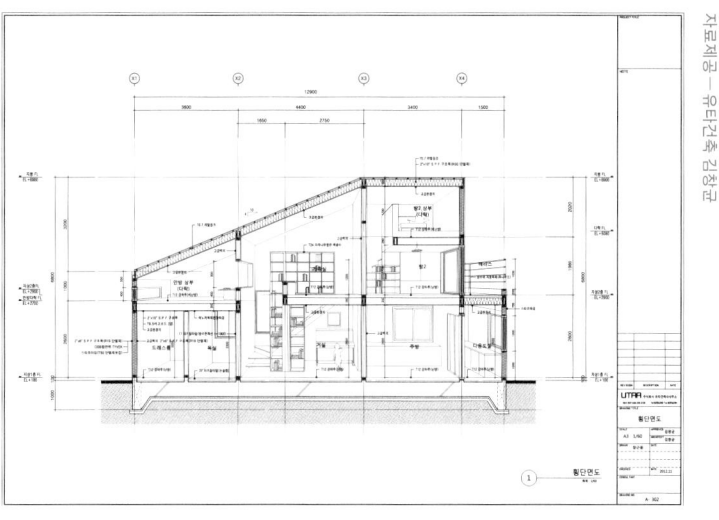

단면상세도

단면도의 일종으로, 세부 구조를 보여주는 수직단면도를
단면상세도라고 한다. 지반과 건물의 기초 처리, 기초의 높이,
바닥 밑의 방수처리, 장선과 마루널의 치수, 천장과 벽 속에 들어
있는 단열재, 지붕의 구배에 이르기까지 건물의 구조와 성능에
관계되는 중요한 정보가 들어 있다. 예를 들어 건물의 내구성을
좌우하는 기초는 기초평면도(기초를 위에서 본 도면)와 대조하면
좋다. 또한 단열재의 두께는 쾌적함과 에너지효율에도 영향을 주기
때문에 어디에 어떤 소재가 어떻게 들어 있는지 알 수 있다. 그밖에
전기설비도나 공조환기설비도 등도 확인할 수 있다.

견적·계약·설계
체크포인트

150 설계도·설비 기호

평면도에는 여러 가지 기호가 사용된다. 특히 창이나 문의 위치를
나타내는 기호를 확인하자. 예를 들어 문을 열었을 때 옆방의 문이나
지나는 사람에게 부딪히지 않는지를 체크하자.

　　　건물의 설비관계를 나타낸 설비도에는 특수한 기호가
다수 나온다. 가전제품을 많이 사용하는 방의 콘센트 수가 부족하지
않은지, 스위치는 사용하기 편리한 위치에 있는지, 소비전력이 큰
가전제품은 전용회로로 되어 있는지 등이 체크포인트이다.

문과 창의 기호 범례

여닫이문
좌우 한 방향으로 개폐하는 문.
가장 일반적으로 사용된다.

쌍여닫이문
좌우 두 장의 문을 개폐하는 타입의 문.
큰 짐의 출입에 편리하다.

한 쪽이 큰 문
한쪽 문의 폭이 좁은 양쪽으로 열리는 문.
현관 등에 많이 사용한다.

미서기문
두 장의 문을 슬라이드 형태로 개폐하는 문.
좌우 어디로도 출입할 수 있다.

3짝미서기문
3장의 문을 슬라이드 형태로 개폐하는 문, 레일의
수에 따라 열리는 폭이 달라진다.

미닫이문
밀어 넣을 수 있는 곳이 있는 문.

미닫이문(포켓형)
벽 속으로 밀어 넣을 수 있는 문. 열면 문이 보이지
않는다.

접이문
열어젖히는 타입의 문. 욕실 등에 많이 사용된다.

2짝접이문
좌우 양쪽으로 열어젖히는 문. 옷장 등에 많이
사용된다.

미서기창
좌우 두 짝의 유리문을 슬라이드로 여는 창. 가장
일반적이다.

여닫이창
좌우 한 방향으로 개폐하는 창. 채광, 통풍에
효과적이다.

쌍여닫이창
좌우 두 짝의 유리문을 개폐하는 창. 채광, 통풍에
효과적이다.

		고정창
		유리를 창틀에 고정시킨 개폐할 수 없는 창. 채광, 조망에 효과적이다.

고정창
유리를 창틀에 고정시킨 개폐할 수 없는 창.
채광, 조망에 효과적이다.

풀오픈(Full Open)창
개구부 전체 면적만큼 창틀이 열리는 창.

돌출창
벽에서 밖으로 돌출된 창.
실내의 개방감을 높이고, 채광, 조망에 효과적이다.

전기설비도 범례

→
일반적으로
사용되는 경우이며
사무소마다 조금씩
다를 수 있다

	형광등
D	다운라이트
B	브라켓
CL	천장등
	펜던트
	천장팬
	벽 환기팬
●	스위치
2	콘센트
2E	접지콘센트
AC	에어콘콘센트
W	방수콘센트
T	전화
V	텔레비젼
t	인터폰

약어 범례

N	북쪽 (방위)
GL	지반면
CH	천장고
⊠	기둥
φ	직경
R	반지름
□	각재
W	폭
H	높이
D	깊이
PS	배관공간
EV	엘리베이터
RC	철근콘크리트

견적·계약·설계
체크포인트

151 최소한의 체크리스트

다음은 수속과 계약에 도움이 되는 체크리스트이다. 하나씩 점검해 보자.

견적

— 소비세를 포함한 공사비 총액이 계획한 예산에 맞는가?
— 공사비내역명세서에 명기된 재료와 수량을 확인했는가?
— 부대공사(별도공사)비의 내용은 확인했는가?
— 협의로 결정한 설비와 마감재의 상품명과 품번이 들어가 있는가?
— 견적서와 연동되는 설계도서가 함께 있는가?

계약

— 계약서에는 상세한 본견적과 설계도서, 공정표가 함께 있는가?
— 계약약관은 확실히 읽었는가?
— 공사비 총액을 확인했는가?
— 공사비 지불시기를 확인했는가?
— 공기와 인도시기를 확인했는가?
— 건축사사무소로부터 중요사항을 설명 받았는가?
— 시공사의 하자보증보험 증권을 확인했는가?
— 주택대출의 수속과 건물등기의 수속에 대해 확인했는가?

설계

— 필요한 설계도면과 서류가 꾸려졌는가?
— 공사 도중에 발생한 설계변경을 포함해 원하는 배치, 설비가 설계도에 반영되어 있는가?
— 모든 도면을 보고 사용성과 필요한 치수(스케일감)를 파악했는가?
— 바닥의 단차나 천장의 높이, 방의 넓이와 가구의 배치 등은 확인했는가?
— 차양과 홈통의 유무는 확인했는가?
— 내진과 단열 등 성능 수준은 확인했는가?
— 완성 후의 유지관리방법에 대해 확인했는가?

주요한 설계도면의 종류 (목조 기둥보구조의 경우)

●	위치도	건축 예정지가 표시된 그림
●	배치도	대지의 어디에 건물을 세울지를 나타낸 그림
●	대지구적도, 건축면적구적도, 바닥면적구적도 특기시방서	도면에는 표현할 수 없는 중요한 공사의 내용을 보충한 것
●	마감표	건물의 각부의 마감재의 종류와 두께 등을 표시한 것
●	평면도	기둥과 가새의 위치가 표시된 각 층별 방배치도
●	입면도	건물을 동서남북의 4면에서 본 모습의 그림
●	단면도	건물을 수직으로 잘라낸 절단면의 그림
	평면상세도	평면도를 확대하여 상세한 설명을 첨부한 그림
	단면상세도	단면도를 부분적으로 확대한 상세도
	기초평면도	1층의 바닥을 잘라 위에서 본 기초의 모습을 나타낸 그림
	바닥구조평면도	마루널을 벗겨내고 위에서 본 토대, 멍에, 장선 등의 그림
	지붕구조평면도	지붕을 위에서 본 그림
	천장도	천장을 올려다본 그림
	창호일람표	창호의 형상, 치수, 모양, 마감재 등을 표시한 것
	전개도	각 방의 벽면을 그린 그림
	전기설비도	전기설비의 계통과 조명, 콘센트, 스위치 등의 위치를 나타낸 그림
	공조환기설비도	공조나 환기의 계통, 설치위치 등을 표시한 그림
	급배수설비도	급배수계통과 위생설비기기의 설치위치를 나타낸 그림
	가스설비도	가스배관의 계통과 가스관련 설비의 위치를 나타낸 그림
	외부 계획도	문과 담, 주차장 등 건물의 외부 상태를 나타낸 그림
	구조도	지하실이나 특수한 기초를 계획할 경우, 그 부분에 대한 구조를 나타낸 도면

→
오른쪽의
리스트에서
●가 붙은 도면과
채광면적계산표,
벽량계산표,
배연계산서
등이 건축허가
신청도서로
필요하다.

Part 3
대출과 세금

건축비뿐 아니라 각종 세금의 지불 시기와 대출 관련
사항을 꼼꼼하게 체크하자. 장기 주택대출은 금리나
상환방법이 다양하다. 대출 상환 기간의 생활비를
따져보고 자신에게 맞는 상환법을 미리 계획해보자.
(대출에 관한 내용은 가능한 한국의 상황에 맞게
수정하였다.)

자금계획

집을 짓는다는 것은, 대개 한 가족의 거의 모든 재산이 사용되는 일이다. 때문에 어떤 자금을, 어디서, 어떻게 사용해야 할지 철저한 계획이 필요하다.

152 생애 저축표

집짓기는 인생의 최종 목표가 아니다. 만약 주택대출의 부담이 너무 크면 새집 생활을 즐길 수 없을지 모른다. 오랜 기간 금전적으로 문제없는 생활을 위해서는 신중한 상환 계획이 필요하다. 특히 고려해야 할 부분은 생애주기 변동이다. 임신, 출산, 양육, 자동차 구입, 교육비, 의료비, 노후자금 등, 아이가 태어나면 지출 구조와 규모가 크게 바뀌게 마련이다. 따라서 대출 상환 계획을 세울 때는 앞으로 있을 생애주기 변동까지 고려해야 한다.

우선 큰 지출이 예상되는 시기와 대략의 금액을 표로 만들어보자. 다음으로 그 돈을 준비하기 위해서 매년 얼마씩 저금이 필요한지 항목별로 정리하자. 즉 '우리 집의 생애 저축표'를 만드는 것이다. 이렇게 하면 장래 주택대출 상환금을 해마다 얼마씩 부담할 수 있을지는 물론 매월 상환금은 얼마가 적당한지, 언제까지 상환을 끝내야 노후자금 마련에 영향이 없을지도 한눈에 확인할 수 있다.

153 총예산과 지출처 파악

무엇보다도 전체 비용을 확실히 파악해야 한다. 기본적인 공사비만으로는 꿈꾸던 집에 들어갈 수 없다. 예를 들어, 설비에 관한 비용은 대체로 별도의 공사비(부대공사비)로 취급된다. 특히 건축가를 통하지 않고 시공업체와 단독으로 진행하는 경우에는 시공업체에서 평당(3.3m²) 단가를 제공하는 경우가 많기 때문에 건축주는 그것을 공사에 드는 총비용으로 착각하기 쉽다. 그렇지만 평당 단가는 어디까지나 설계단계에 작성한 본체공사비만 해당될 뿐, 실제로 시공을 시작하면 추가로 드는 비용이 엄청나게 늘어나게 마련이다.

집짓기 총비용 내용

본체공사비	건물 본체만 짓는 데 필요한 공사비. 시공사가 제공하는 경우, 표준사양만을 표기하는 경우가 대부분이다.	약 70%
설계비	건축가에게 의뢰한다면 시공비와 별도로 설계비를 건축가에게 지불해야 한다.	
옵션공사비	주로 부엌, 욕실, 다용도실, 저장실, 창고 등 일반적인 공간 이외에, 설계할 때 추가하는 공간에 대한 공사비이다.	
부대공사비	건물 본체 이외에 인테리어 비용과 기본 설비 비용은 별도로 취급하는 경우가 대부분이다.	약 20%
제경비	시공 외의 부분에서 발생하는 비용. 측량비(분양받거나 매매한 땅의 크기에 이견이나 거래 관계에서 갈등이 있을 때), 지질조사비(땅에 문제가 있음을 발견했을 때), 건축허가비, 등기, 세금, 주택대출 관련 비용, 이사 관련 비용, 가구 구입비 등이 있다.	약 10%

154 가족의 증여

저축액이 부족하거나 급하게 집을 마련해야 할 경우, 부모나 친지의 도움을 받게 되는 경우도 있다. 일반적으로 재산의 이동에는 증여세가 부과된다. 부모로부터 받은 자금도 당연히 과세 대상. 이 경우 수증자인 자녀가 증여 전 10년 이내에 다른 증여 받은 재산이 없다면 직계존속으로부터 증여 받은 재산의 과세가액에서 3,000만원(미성년자인 경우 1,500만원)을 공제받을 수 있다. 또 주택을 부부 공동명의로 하면 증여세의 누진율을 낮춰 1인 명의로 할 때보다 가족이 부담하는 증여세 총액을 낮출 수도 있다. 또 증여가 있을 경우 3개월 이내에 관할 세무서에 신고해서 탈세가 되지 않도록 주의가 필요하다.

과세표준 금액에 따른 상속 및 증여 세율

과세표준	세율	산출세액
1억 이하	10%	10%
1억 초과 5억 이하	20%	1천만 원 + 1억 초과 20%
5억 초과 10억 이하	30%	9천만 원 + 5억 초과 30%
10억 초과 30억 이하	40%	2억 4천만 원 + 10억 초과 40%
30억 초과	50%	10억 4천만 원 + 30억 초과 50%

155 증여와 차용

가족으로부터 주택 자금 지원을 받는 경우는 '증여'인지 '차용'인지 처음부터 분명하게 해두는 것이 중요하다. 만약 빌릴 생각으로 돈을 받은 후 부모가 '돌려주지 않아도 돼'라고 말했다고 해서 갚지 않으면 증여세 과세 대상이 된다. 이 경우 증여 신고가 늦어져 가산세나 연체세까지 추가로 발생하게 되니 반드시 주의하자.

차용의 경우, 증여로 간주되지 않도록 하는 것이 중요하다. 일반적으로 국세청은 부모와 자녀 간의 금전 거래를 증여로 추정한다. 이를 차용으로 인정받기 위해서는 차용증과 이자지급에 대한 금융자료, 추후 부모에게 차입금을 상환한 금융자료와 상환하기 위한 자금이 어떻게 조달되었는지, 상환된 금액이 어떻게 사용되었는지 등에 대한 객관적인 자료를 준비해야 한다. 현행 세법은 가족 간에 1억 원 미만을 무상으로 대여한다면 대여 이자에 대한 증여세를 부과하지 않으나, 1억 원 이상인 경우 대여 이자에 대한 증여세가 과세된다(이때 이자율은 9%로 계산).

금전 거래 여부에 따른 증여세 비교표(한국 상황 적용)

구분	금전 거래를 증여로 보는 경우	금전 거래로 인정하는 경우
9,000만 원 대여	① 증여세 600만 원	③ 증여세 없음
5억 원 대여	② 증여세 8,400만 원	④ 증여세 150만 원

증여세 계산 근거
① (9,000만 원 – 증여재산 공제 3,000만 원) × 세율(10%)
= 600만 원
② (5억 원 – 증여재산공제 3,000만 원) × 세율(20%)
= 8,400만 원
③ 증여세 과세 대상 아님
④ (5억 원 × 9% – 증여재산 공제 3,000만 원) × 세율(10%)
= 150만 원

돈의 흐름

→
지불시기에 맞출
수 있도록 자금
운용을 포함해
집짓기의 전체적인
과정을 미리
파악하자.

재건축인지, 신축인지, 땅부터 구입하는지, 소유하고 있는 토지에
짓는 것인지에 따라 기본적인 비용이 달라진다. 재건축의 경우
완공까지 임시로 살 거처를 마련해야 하니 집세나 짐 보관료 등도
발생하고 이사 비용도 두 번 든다.

156 언제, 어디에, 얼마가 필요할까?

	집짓기 과정	비용 지불
1	땅 찾기·땅 구입	토지 계약금 지불(계약 후 3개월 이내에 잔금 지불), 토지 소유권 이전등기 비용
2	건축가 만나기	
3	설계·감리·시공사 계약	설계·공사관리계약의 인지세, 설계착수금(보통 설계비의 10~20%)
4	설계 상담	지반조사비·측량비
5	평면 검토·최종확인	
6	평면 확정	설계비 중 나머지 일부 지급(보통 50%)
7	건축허가 신청	건축확인신청서 비용
8	대출 신청	대출계약의 인지세·융자사무수수료, 보증료
9	공사의 청부계약	
10	공사 시작	건축공사비의 일부 지급(보통 전체 건축비의 3분의 1)
11	기초공사	
12	목공사(상량식)	상량식 비용, 건축공사비의 일부 지급 (보통 전체 건축비의 3분의 1)
13	지붕 및 구조공사	
14	외벽공사	
15	배관·배선공사	
16	창호공사	
17	내장·외장공사	
18	설비공사	
19	외부마감공사	
20	공사완료	
21	표시등기	등기 관련 비용
22	준공검사	화재보험료 및 보안 업체 신청
23	가구반입	가구, 비품 구입비
24	입주	이사·집들이 비용, 건축공사비·설계비 잔금, 별도 공사비 정산, 부동산취득세, 고정자산세, 도시계획세 지불

157　제경비

공사비 이외에 지불처가 각기 다른 자잘한 비용을 정리하면
총비용의 약 10%이다. 제경비는 주택대출의 융자 대상에는
포함되지 않기 때문에, 가능한 한 자기자금으로 충당해야 한다.
자신의 상황에 맞게 미리 자금운용을 계획하는 것이 중요하다.

	주요 비용		지불처	지불시기
수속 관련	토지매매계약서 인지대		인지구입처	계약 시
	지반조사 비용		조사회사	플래닝 전
	건축확인신청 비용		시공처 등 수속대행처를 통해서 지불	건축확인신청 시
	공사청부계약서 인지대		인지구입처	계약 시
주택대출 관련	대출계약서 인지대		인지구입처	건물완성 후, 대출의 정식계약시
	국민주택채권 매입		금융권	
	등록세		2011년 4월 6일 공정거래위원회 표준약관 개정으로 금융권에서 부담	
	지방교육세			
	법무사수수료			
	등기신청수수료			
	감정평가수수료			
토지·집 등기	토지의 소유권이전등기	취득세, 법무사수수료	취득세는 등기소, 법무사수수료는 법무사	등기시
	건물의 소유권 보존등기	취득세, 법무사수수료		
그 외	이사, 임시거처, 짐 보관료 등		운송회사, 집주인, 짐 보관업자	이사시기, 임시거처기간 등
	상량식, 이웃 인사 등의 비용		의식의뢰처, 인사물품구입처 등	각각의 실시시기
	가구나 가전제품의 구입		구입처	건축 후
취득 세금이나 보유 세금	부동산취득세		시군구 (2011년부터 등록세와 통합) — 세율: 4.6% (취득세 4%, 교육세 0.4%, 농어촌특별세: 0.2%)(전용면적 85m²와 9억 원 기준 및 다주택자 여부에 따라 다소 차이)	주택을 취득한 후 30일 이내에 등기하는 경우 세액의 50%를 선납하고, 나머지 50%는 취득세 납부기한(취득 후 60일 이내)까지 납부
	재산세		시군구(2011년부터 도시계획세와 통합)	매년 6월 1일이 과세기준일로 납부 시기는 토지 9.16-9.30, 주택 7.16-7.31
	종합부동산세		거주자 주소지 세무서 (주택: 공시 가격을 합산한 금액이 6억 원을 초과한 경우, 토지: 공시 가격을 합산한 금액이 5억 원을 초과한 경우)	매년 6월 1일이 과세기준일로 부과 시기는 12. 1-12.15

주택담보대출

일반 단독주택의 경우 아파트에 비해 대출 규제나 한도, 금리가 까다로운 편이다. 따라서 시중은행에 의해 제공되는 주택담보대출 상품들을 비교해 자신에게 가장 적합한 상품을 선택하는 수고가 필요하다.

158 필요한 서류

주택담보대출을 받고자 하는 경우 먼저 은행에서 제공하는 주택담보대출에 대한 '핵심설명서'를 통해 상품별 특성을 파악할 수 있다. 핵심설명서는 금융소비자의 권익 보호 및 금융상품에 대한 이해 증진을 위해 상품의 핵심내용을 알기 쉽게 작성한 것이다. 따라서 각 주택담보대출 상품의 내용을 꼼꼼히 살펴보고 이해한 뒤에 계약 여부를 결정하는 것이 바람직하다.

주택담보대출 계약은 대출거래약정서 작성을 통해 이루어지게 된다. 은행과 고객 간에 이루어지는 대출거래의 계약조건인 「약관」은 개개의 계약내용에 대한 구체적인 구성부분이 되어 계약당사자를 구속하는 효력을 갖게 된다. 따라서 대출거래 약정시에는 관련사항을 전부 확인하고 계약을 체결해야 한다.

대출에 필요한 서류는 본인 신분증과 부동산 등기권리증, 부동산 등기부등본, 인감증명서 등 부동산의 근저당권 설정에 필요한 서류, 그리고 본인(또는 배우자)의 소득을 입증할 수 있는 서류 등이 있다. 소득입증서류를 은행에 제출하지 않는 경우 대출금리가 인상될 수 있으며, 부채비율이 일정수준 이하인 경우는 금리우대를 받을 수 있으므로 소득이 있는 경우 반드시 소득입증서류를 제출하여야 한다.

159 대출한도

일반주택의 담보대출은 별도의 주택감정평가를 거친 후, 그 감정가를 기준으로 보통 50%(1금융권)~80%(2금융권)까지 대출이 가능하다. 따라서 탁상감정을 의뢰하여 대출 가능여부와 금액을 확인하는 것이 우선이며, 기간은 약 1~3일 정도가 소요된다. 주택감정가는 주택의 공시지가보다는 높게 책정이 되지만, 주택의 현재 시세보다는 낮은 70~80% 수준에서 책정된다.

160 대출의 종류와 장단점

주택담보대출 금리방식은 크게 고정금리, 변동금리 및 혼합형의 세 가지가 있다. 소비자가 부담하게 되는 대출금리는 '기준금리 + 가산금리 – 우대금리'로 결정된다. 기준금리는 금융기관의 자금조달비용, 가산금리는 소비자의 신용도, 우대금리는 소비자의 금융거래 실적에 따라서 결정된다. 변동금리대출이라도 일반적으로 가산금리와 우대금리는 변하지 않으며, 기준금리만 시장금리에 연동하여 변동한다.

전국은행연합회 홈페이지(www.kfb.or.kr)에는 시중 은행의 주력 주택담보대출을 금리 및 상환조건별로 비교 공시한 주택담보대출 상품비교표가 있다. 이 표는 주택담보대출을 받고자 하는 소비자를 위해 각 은행별로 가장 많이 판매되거나 최근 고객들이 많이 이용한 대표 상품들에 대해 대출조건, 금리, 수수료 및 주요 특징 등을 알기 쉽게 나타내고 있다. 이 비교표를 이용하면 본인에게 맞는 대출을 선택하는 데 도움을 받을 수 있다.

그리고 금융감독원은 소비자의 대출상품에 대한 전반적인 이해를 돕고자 금융기관으로 하여금 대출상품설명서(또는 핵심설명서)를 교부토록 하고 있다. 이 대출상품설명서 내용을 충분히 듣고, 궁금한 내용은 반드시 확인하자.

161 대출금리 낮추기

주택대출은 취급하는 금융기관이 많고 그 혜택과 위험률 또한 천차만별이다. 수많은 상품들 사이에서 우리 집에 딱 맞는 상품을 고르기 위한 방법을 알아보자.

1 주거래은행을 이용하라
은행은 거래실적이 높은 고객에게 더 높은 신용등급을 부여한다. 주거래은행을 이용하면 우대금리 혜택을 받을

수 있는 기회도 늘어난다. 우리은행의 경우 우수고객
등급에게는 0.3%포인트의 우대금리를 적용해 준다.

2   주거래은행에 가족거래 집중하라

일반적으로 은행은 가족관계를 등록해서 통합적으로
고객을 관리하는 시스템을 가지고 있다. 따라서
가족거래를 한 은행에 집중하면 개인의 거래실적과
신용등급을 높일 수 있게 된다.

3   3자녀 이상 우대금리 활용하라

현재 하나은행과 국민은행 등은 만 20세 미만의 자녀
셋 이상을 부양하는 고객에 대해 0.1~0.3%포인트의
대출금리를 할인해 준다. 이러한 혜택은 정부의
출산장려정책에 따라 향후 전체 금융권으로 확산될
전망이다.

4   신용카드 결제를 집중하라

각 은행은 신용카드 실적에 따라 0.1~0.3%포인트의
우대금리를 적용하고 있는데, 사용액에 따라 우대금리가
다를 수 있으므로 사전에 확인할 필요가 있다.
각종 통신비와 공과금을 한 카드로 관리하는 것도
효과적이다.

5   급여통장을 변경하라

급여통장 이체고객에게는 일반적으로 0.2%포인트
가량의 우대금리가 적용된다. 국민은행의 경우에는 일정
등급 이상인 고객에게 0.3%포인트를 적용해 주기도
한다.

6   금리가 0.1%라도 낮은 상품으로

주택대출을 비교할 때 가장 중요한 부분은 금리이다.
억대의 비용을 빌리는 상황에서 단 0.1% 차이는 몇 천만
원 차이로 이어진다. 무조건 금리가 낮은 상품을 찾을
것. 이것이 대출상품 결정의 제1원칙이다.
단, 같은 금융기관의 주택대출이라고 하더라도
종류(고정금리형, 변동금리형, 혼합형)에 따라 적용되는
금리가 달라진다. 주택대출을 선택할 때는 처음부터
자신이 이용할 금리의 형태를 결정해두자. 그런 뒤에
제공되는 금리를 비교하면 보다 구체적으로 차이를 알
수 있다.

7   거래가 없던 은행이라도 한 번씩 상담을 받자

대출 시 그 은행에 계좌를 개설하는 것만으로도
우대금리를 적용받는 경우도 있으니 반드시 확인하고
넘어가자. 큰 돈을 빌리는 만큼 많은 정보를 수집하는
것이 지출을 조금이라도 줄일 수 있는 방법이다.

162 상환 방식 고르기

주택담보대출에는 여러가지의 상환 방식이 있다. 같은 금액을 빌리더라도 상환 방식에 따른 금리도 제각각이므로 각자 소득 패턴에 맞는 대출상품을 꼼꼼히 따져보고 선택하자.

1 수입이 안정된 사람은 장기 고정금리를

공무원과 같이 매월 수입이 비교적 안정된 사람은 장기 고정금리로 이용할 수 있는 주택대출을 추천한다. 매월 상환액이 일정하기 때문에 상환 계획을 세우기 쉽고, 생활비도 일정하게 유지할 수 있기 때문에 가계도 안정적으로 꾸릴 수 있다.

2 수입이 안정되지 않은 사람은 최저수입을 기준으로 상환액을 정한다

수입의 변동이 큰 사람은 '수입이 가장 적은 달'의 가계를 기준으로 상환계획을 세워야 수입이 줄었을 때 당황하지 않을 수 있다. 수입이 많은 달은 최저수입과의 차액을 저축하여 조기상환을 할 수도 있다. 그만큼 대출상환이 빨라지고 총 상환액도 줄일 수 있다. 또한 결과적으로 매월 같은 생활비로 사는 것이기 때문에 가계도 안정된다.

3 신혼이라면 더 빠듯한 자금계획을 세워라

신혼부부의 경우, 새로운 생활을 막 시작한 상황에서 무리하게 대출금을 늘리는 경우가 있다. 아이가 생기거나, 맞벌이의 경우 한 사람이 휴직하는 일이 생길 수 있는 등, 미래 상황이 불안정한 신혼부부들이 가장 조심해야 할 부분이 대출이다. 안전한 방법은 한사람의 수입만으로도 상환할 수 있을 만큼만 빌리는 것이다. 장기 고정금리로 하고, 수입에 여유가 있을 때 종종 조기상환하는 것이 좋다.

4 40대 이상도 상환기간을 정년까지만

40대가 넘어 대출을 받는 경우 '퇴직금으로 갚겠다'고 생각하는 사람이 많다. 하지만 퇴직금은 최소한의 노후자금으로 남겨두는 것이 좋다. 자금계획을 세울 때 '정년까지 갚고 끝낸다'는 원칙을 세우자.

163 주택담보대출 체크리스트

다음의 표는 여러 상품을 한 눈에 비교할 수 있는 주택담보대출 체크리스트이다. 각 은행의 주요 대출상품을 꼼꼼하게 비교해 자신에게 가장 적합한 상품을 선택하자.

구분	○○은행	△△회사	◇◇회사
1. 대출받을 수 있는 금액은 얼마입니까?	1억 원		
2. 상환방식, 만기, 금리에 대하여 상담하십시오. (동일한 금리라도 상환방식과 만기에 따라 매월 상환금액이 달라집니다.)			
가. 대출금 상환방식의 장점과 단점이 무엇인지 상담하고 결정하십시오.			
원리금 균등상환 방식			
원금 균등상환 방식	○		
만기 일시상환 방식			
나. 만기는 몇 년이 적당합니까?	10년		
다. 거치기간이 필요할까요?	아니오		
라. 금리는 몇 % 입니까? (변동금리는 금리인상 가능성을 고려하여 고정금리와 비교하십시오.)			
① 변동금리 (변동주기를 확인하세요)	5.5%		
② 만기동안 예상되는 금리변화	△ 0.5~1%p		
③ 고정금리	6.0%		
④ 금리차이 (① + ② - ③)	0~1%		
마. 우대금리를 적용받을 수 있습니까? (거래실적에 따라 금리혜택 가능)	△ 0.2%		
바. 기타 수수료가 있습니까?			
3. 실제로 부담하는 연간 총비용 (라-마+바)	5.8%		
4. 현재의 가처분소득으로 상환하는데 문제가 없습니까? (① - ② - ③ = 원)			
① 월소득	3,000,000		
② 월지출(교육비, 생활비 등)	2,000,000		
③ 매월 대출원리금 상환액	586,753		
5. 미래(3년 후) 가처분소득으로 상환하는데 문제가 없습니까? (① - ② - ③)			
① 월소득			
② 월지출(교육비, 생활비 등)			
③ 매월 대출원리금 상환액			
6. 대출금을 만기이전에 상환할 경우 중도상환수수료는 얼마입니까?	0.5~2%		
7. 근저당권 설정비용은 얼마입니까?	1,000,000		

옮긴이의 글 —
같은 돈이라도 나에게
맞춰 쓰는 운용법

집짓기의 흐름을 파악하고, 집을 짓는 모든 과정을 꼼꼼히 하나하나 챙기고자 하는 사람들에게 이 책이 큰 도움이 될 것이다.

자신의 집을 지으려고 할 때 예쁜 집의 사례만을 좇다가는 꿈만 부풀리다 결국 포기하게 되기 쉽다. 좋은 집을 짓기 위해선 좋은 땅, 좋은 건축가, 좋은 시공자가 조화를 이루어야 하지만 무엇보다도 중요한 건 집을 지으려고 하는 사람, 그 집에서 삶을 이어나갈 사람, 건축주일 것이다. 그래서 '좋은 건축주'가 '좋은 집'을 만든다고 이야기한다. 집을 지으려고 하는 사람은 자신이 살고 싶은 집에 대해서 끊임없이 생각하고, 구체적이고 명확한 정의를 내릴 수 있어야 한다. 막연히 예쁜 집이 아닌 지금의 삶에서 불만이었던 점과 포기할 수 없는 부분 등을 리스트로 만들어 보는 것도 좋을 것이다.

이 책은 좋은 건축주가 되기 위한 조건을 명쾌하게 정리하고 있다. 유능한 전문가를 만나는 것도 좋겠지만, 집을 이루고 있는 수많은 요소를 하나씩 확인해보는 것도 내 집을 지으면서 만날 수 있는 소중한 기회라고 생각한다.

그중에서도 무엇보다 중요한 것은 가격 대비 성능의 문제일 것이다. 같은 값으로 더 좋은 재료를 구하고, 같은 느낌이지만 조금 더 저렴한 비용으로 하고 싶은 것이 집을 짓는 모든 이들의 한결같은 바람일 것이다. 다른 모든 일과 마찬가지로 집짓기 또한 발품을 팔아서 필요한 정보를 모으면 모을수록 더 만족할 만한 결과를 얻을 수 있다. 하지만 문제는 어디서 금액을 조정하면 좋은지, 이 자재와 저 자재의 차이는 어떻게 다른지, 자재 조달은 어떻게 해야 하는지 한 번에 확인하기 어렵다는 것이다. 이 책에는 그동안 궁금했던 계획과 설계부터 자금의 조달까지 집짓기의 모든 공정에 걸친 비용 절감 아이디어가 풍부하게 실려 있다.

수많은 사람들이 집은 삶의 가장 큰 부분을 차지하는 공간이라고 생각한다. 건축주와 설계자, 시공자 모두가 웃을 수 있는 현장을 기대하며 집을 짓는 모든 분들이 그 꿈을 이루길 바란다.

우리말로 옮기는 과정에서 일본과 우리나라의 상황이 다른 부분은 최대한 국내 상황에 맞추기 위해 노력했다. 미처 매끄럽게 옮기지 못한 부분에 대해서는 넓은 이해를 부탁드린다. 끝으로 부족한 역자에게 발전할 수 있는 기회를 준 도서출판 마티와 나의 삶의 원동력이 되어주는 아버지, 어머니께 감사의 마음을 전한다.

2018년 4월
박은지

**집짓기의 선택과 집중
어디에 얼마를 써야 할까
예산 운용에 관한 163가지**

주부의 벗사 지음
박은지 옮김

초판 1쇄 발행	2013년 4월 12일
개정판 1쇄 인쇄	2018년 5월 10일
개정판 1쇄 발행	2018년 5월 17일

발행처	도서출판 마티
출판등록	2005년 4월 13일
등록번호	제2005-22호
발행인	정희경
편집장	박정현
편집	서성진
마케팅	최정이
디자인	유연주

주소	서울시 마포구 동교로12안길 31 2층 (04029)
전화	02-333-3110
팩스	02-333-3169
이메일	matibook@naver.com
블로그	blog.naver.com/matibook
트위터	twitter.com/matibook
페이스북	facebook.com/matibooks

ISBN 979-11-86000-63-2
값 20,000원